总第45辑

中国审判指导丛书

U1013448

涉外商事海事审判指导

最高人民法院民事审判第四庭 编

人民法院出版社

图书在版编目（CIP）数据

涉外商事海事审判指导. 总第45辑 / 最高人民法院民事审判第四庭编. -- 北京 : 人民法院出版社, 2025. 3. -- (中国审判指导丛书). -- ISBN 978-7-5109-4283-9

Ⅰ. D922.294.4

中国国家版本馆CIP数据核字第2024KG5382号

涉外商事海事审判指导（总第45辑）

最高人民法院民事审判第四庭　编

责任编辑　杨晓燕
出版发行　人民法院出版社
地　　址　北京市东城区东交民巷27号（100745）
电　　话　（010）67550508（责任编辑）　67550558（发行部查询）
　　　　　　65223677（读者服务部）
客服QQ　2092078039
网　　址　http：//www.courtbook.com.cn
E - mail　courtpress@sohu.com
印　　刷　三河市国英印务有限公司
经　　销　新华书店

开　　本　787毫米×1092毫米　1/16
字　　数　184千字
印　　张　12.75
版　　次　2025年3月第1版　2025年3月第1次印刷
书　　号　ISBN 978-7-5109-4283-9
定　　价　68.00元

《涉外商事海事审判指导》
编辑委员会

卷 首 语

《涉外商事海事审判指导》（总第45辑）经过精心编辑和大家见面了。本辑栏目设置继续保持《涉外商事海事审判指导》的一贯特色，包括“领导讲话”“司法文件”“请示与答复”“案例评析”“调查与研究”“信息与资料”六个传统栏目。

领导讲话 该栏目刊登了2023年上半年分管涉外商事海事相关领导关于奋力推进新征程涉外商事海事审判工作高质量发展的重要讲话。

司法文件 该栏目主要选登了《浙江省高级人民法院涉外民商事审判实务指引》第五章调查取证的内容。

请示与答复 作为本丛书的特色栏目，本辑继续刊登了2023年上半年最高人民法院针对各高级人民法院有关国际商事仲裁裁决司法审查法律问题请示的复函，并附有各高级人民法院请示的内容，具有较强的指导意义。为便于检索，本栏目设置“申请确认仲裁协议效力案件”“申请不予执行内地仲裁裁决案件”“申请认可和执行港澳仲裁裁决案件”“申请承认和执行外国仲裁裁决案件”“申请承认和执行外国民商事判决案件”五个子栏目。

案例评析 本辑刊登了最高人民法院发布的第36批指导性案例系列解读文章《积极支持与监督仲裁司法典范》《紧跟时代步伐、创新探索仲裁司法审查裁判规则》《支持仲裁，依法监督，凝聚国际优选仲裁地的吸引力》。

调查与研究 本辑选登了三篇文章，《仲裁司法审查实践中的若干典型问题》一文主要从“关于没有仲裁协议的理解”“关于正当程序权利问题”“关于仲裁庭的组成、仲裁程序与仲裁规则不符”“关于超裁与无权仲裁问题”“关于公共利益的认定”“关于‘隐瞒证据’的认定”六个方面对我国仲裁司法审查实践中较常涉及的几个典型问题进行了梳理分析；《中国国际商事仲裁司法审查案例及所涉法律问题》一文由最高人民法院民事审判第四庭课题组根据各高级人民法院上报的案件及数据，结合中国法院裁判文书网、其他互联网途径以及其他途径公开（截至 2023 年 6 月 30 日）的生效仲裁司法审查裁判文书，针对过去一年国际商事仲裁司法审查案件的案件事实和适用法律进行回顾分析，并就所涉重要法律问题予以评述；《虚假仲裁及其司法审查实践问题研究》一文结合具体事例介绍了虚假仲裁的概念、特点及产生原因，针对目前现有的案外人救济途径进行分析，并提出解决路径，同时本文还对虚假仲裁涉及的司法实践问题进行了解析。

信息与资料 本辑刊登了最高人民法院民事审判第四庭《关于参加联合国国际贸易法委员会第二工作组第七十七届会议的报告》，对会议的基本情况、主要内容、工作安排及下一步工作建议分别予以概述。

目　录

（三）申请认可和执行港澳仲裁裁决案件

（四）申请承认和执行外国仲裁裁决案件

（五）申请承认和执行外国民商事判决案件

【案例评析】

【调查与研究】

【信息与资料】

【领导讲话】

在第六次全国法院涉外商事海事审判工作会议上的总结讲话

最高人民法院副院长　陶凯元

（2023 年 2 月 7 日）

同志们：

这次会议是党的二十大之后召开的首次全国法院涉外商事海事审判工作会议。最高人民法院党组对此次会议高度重视，党组书记、院长周强同志出席、全程参会并发表重要讲话，全面总结新时代十年涉外商事海事审判工作取得的成效和经验，深刻分析当前面临的新形势、新任务，对下一步工作提出了新的更高要求。讲话高屋建瓴、内涵丰富、要求具体，具有很强的政治性、理论性、实践性，对我们全面贯彻落实党的二十大精神，奋力推进新征程涉外商事海事审判工作高质量发展，具有重要指导意义。各级法院要及时向地方党委和党委政法委汇报好本次会议精神，在辖区内组织广大法院干警认真学习传达和深刻领会周强院长讲话要求，抓好会议精神的贯彻落实。

下面，我就贯彻落实好周强院长重要讲话精神，从五个方面简要谈谈当前需要着重抓好的几项工作。

一、以更大力度促进涉外法律适用规则体系完善

自 2020 年以来，全国人大常委会先后通过了出口管制法、反外国制

裁法等涉外领域重要立法。2022 年年底，对外关系法、外国国家豁免法、民事诉讼法修正草案向社会各界公开征求意见。海商法、海事诉讼特别程序法的修改研究工作也正在有序推进。最高人民法院积极参与上述涉外立法，并正在制定国际条约和国际惯例的适用、域外法查明等司法解释。广大涉外商事海事审判人员要深刻认识涉外领域立法和司法解释的重大意义，牢固树立维护国家主权、安全、发展利益的裁判理念，一方面，要恪守国际条约义务、尊重国际惯例、准确适用准据法，平等保护中外当事人合法权益；另一方面，要准确把握、切实执行涉外法律法规尤其是新法新规中包含的大量公法性规范，加强司法在反制裁、反干涉、反制长臂管辖中的作用，通过一个个鲜活生动的案件统筹推进国内法治和涉外法治，促进涉外法律适用规则完善。

二、以更大力度保护外商投资合法权益

党中央、国务院对新的历史条件下扩大对外开放、促进外商投资作出一系列重大决策部署。全国人大常委会 2022 年对外商投资法实施情况开展检查，对人民法院推动完善外商投资法律制度、持续优化外商投资法治环境予以充分肯定，同时对加强外商投资权益保护提出更高期待。各级法院要全面贯彻外商投资法律法规，准确适用准入前国民待遇加负面清单制度，依法公正高效审理涉外商投资企业纠纷案件，便利外商投资者参与诉讼。尤其要重视因涉及依“外资三法”成立的外商投资企业转换组织形式、外商投资安全审查、政府征收征用和政策承诺等而引发的外商投资企业纠纷案件的审理，及时上报新情况、新问题，为最高人民法院适时修订司法解释打下坚实基础。2023 年，最高人民法院将发布一批外商投资企业纠纷典型案例，并将继续发布服务保障自由贸易试验区（港）建设的典型案例和亮点举措，统一裁判尺度，积极营造市场化、法治化、国际化一流营商环境。

三、以更大力度优化涉外商事海事审判机制

一是要优化涉外民商事案件管辖机制。《最高人民法院关于涉外民商事案件管辖若干问题的规定》已于2023年1月1日起施行，大量第一审涉外民商事案件下沉至中基层法院审理。这是自2002年实施涉外民商事案件集中管辖机制以来，涉外民商事审判格局的重大变革，对于便利中外当事人诉讼、提升涉外司法质效，具有重要意义。各高级法院务必高度重视，确保具有涉外管辖权的中基层法院均设立专门审判机构或合议庭负责审理涉外民商事案件，配齐配强审判力量，推动形成既符合四级法院审级职能定位改革要求，又具有专业化、集约化、高效化审理特征的新时代涉外民商事审判格局。

二是要完善涉外民商事诉讼便利化机制。要积极发挥电子送达的作用，积极探索当事人协议送达、委托律师和公证机构送达等送达方式，着力解决“涉外送达难”问题。对地方法院反映的基层法院在涉外民商事案件中适用简易程序、小额诉讼程序问题，根据民事诉讼法涉外编无特别规定则适用民事诉讼法一般规定的原则，对于基层法院审理的确属事实清楚、权利义务明确、争议不大的简单的涉外民商事案件，可以根据民事诉讼法（2021年修正，下同）第一百六十条的规定，适用简易程序审理。民事诉讼法第一百六十六条明确规定小额诉讼程序不适用于涉外民商事案件，下一步我们将结合涉外管辖权下放的新形势对小额诉讼程序的可适用性问题进行调研。对于地方法院反映希望简化涉港澳台民商事诉讼程序的问题，我们也将进行专题调研，适时修订相关司法解释，促进涉港澳台民商事纠纷高效化解。

三是要推进海事审判机制建设。各海事法院要合理布局派出法庭，加强基本建设和规范化管理，完善司法便民利民措施，全面提升派出法庭工作效能。要稳妥有序开展海事刑事案件管辖试点，申请试点的海事法院应具备基本硬件条件和人员力量，在海上交通肇事罪和破坏海洋生态环境资源犯罪案件范围内审慎选择具有海事典型意义和试点价值的案

件，与侦查、公诉机关做好前期协调工作，逐级报请上级法院批准。已经开展试点工作的海事法院要及时总结试点工作取得的经验、客观反映存在的问题，为推进海事审判“三合一”机制建设积累经验。

四是要健全国际商事纠纷解决机制。最高人民法院正在着手修改国际商事法庭司法解释，并将积极推动国际商事专家委员会和“一站式”国际商事纠纷多元化解决机制发挥实效。修改后的仲裁司法审查案件报核规定实施已有一年多，2022 年 1 月我们还下发了仲裁司法审查案件及司法协助案件报备工作的通知，各地法院要认真执行，及时上报相关情况。

四、以更大力度参与国际规则制定

中国以负责任大国的姿态走向世界，必然要积极参与国际规则制定。我们要积极派员参与海牙国际私法会议管辖权项目、国际商事合同法律选择原则，联合国国际贸易法委员会国际仲裁预先驳回等规则、可转让多式联运单证，国际统一私法协会“有效执行的最佳实践”等国际公约和规则的磋商，积极表达我国关切，提出有操作性的、易于接受的意见建议，切实增强我国在国际规则中的话语权和影响力。

五、以更大力度推进涉外法治人才培养

各级法院要立足党和国家事业发展全局高度，充分认识涉外法治人才培养的战略意义和长远意义。要坚持把党的政治建设摆在首位，锻造“忠诚、干净、担当”的涉外商事海事审判队伍。要着力提升涉外商事海事法官运用国内国际法律的能力、参与国际规则制定的能力、处理涉外法律事务的能力。要持续改进培训方式，拓宽培训内容，健全专题培训、挂职锻炼、法律研修学者、法律实习生、港航调研、业务交流等机制。最高人民法院 2023 年将依托位于青岛的“国际海事司法研究基地”开展涉外商事海事审判精英人才专题培训，同时还将举办全国范围的涉外商事审判业务培训，为涉外商事海事审判人员的学习成长搭建平台、提供

机会、创造条件。

同志们，一分部署，九分落实。新时代新征程上，让我们更加紧密地团结在以习近平同志为核心的党中央周围，以党的二十大擘画的宏伟蓝图为指引，以更加奋发有为的精神状态履职尽责，凝心聚力、真抓实干、久久为功，共同谱写涉外商事海事审判工作高质量发展的新篇章！

立足海事司法职能　大兴调查研究之风
为建设海洋强国提供有力司法保障

——在第二十九届全国海事审判研讨会上的讲话

最高人民法院审判委员会副部级专职委员　王淑梅

（2023 年 4 月 13 日）

同志们：

在举国上下深入学习贯彻党的二十大精神、全国两会精神，在全党开展学习贯彻习近平新时代中国特色社会主义思想主题教育之际，我们在美丽的珠城北海召开第二十九届全国海事审判研讨会，总结交流海事审判经验、探讨理论前沿问题、研究部署海事审判工作，具有十分重要的意义。刚才，广西壮族自治区高级人民法院（以下简称广西高院）党组书记、院长黄海龙同志、北海市市委书记蔡锦军同志发表了热情洋溢的致辞。胡方同志宣读了《关于表彰第二十九届全国海事审判研讨会获奖论文作者的决定》。我们为获奖论文作者代表进行了颁奖。在此，我代表最高人民法院对会议的召开表示热烈的祝贺！向获奖的优秀论文组织单位和个人表示热烈的祝贺！向筹备本次会议的广西高院、北海海事法院表示感谢！向辛勤工作在海事审判一线的广大干警致以亲切的问候！

近年来，全国海事审判三级法院立足海事审判本职工作，狠抓司法能力和审判质效提升，在维护国家海洋权益、服务海洋经济发展、保护海洋生态环境等方面作出了突出业绩。特别是在新冠疫情期间，我们在保护船员合法权益、保障国际航运秩序、促进国际供应链稳定等方面，大胆创新、锐意进取，彰显了公正、效率与智慧，我国海事司法的国际公信力和影响力持续提升，海事审判在加快建设海洋强国，服务保障高水平对外开放中发挥了重要的服务保障作用。

当前，世界百年未有之大变局加速演进，中华民族伟大复兴站在新的历史起点，世界之变、时代之变、历史之变正以前所未有的方式展开。一方面，和平、发展、合作、共赢的历史潮流不可阻挡；另一方面，世界进入新的动荡变革期，来自外部的风险挑战日益凸显。我国作为贸易大国、航运大国，面临的机遇和挑战之大前所未有。自党的十八大以来，以习近平同志为核心的党中央作出发展海洋事业、加快建设海洋强国的重大战略部署。《中华人民共和国国民经济和社会发展第十四个五年规划和2035年远景目标纲要》提出“加强海事司法建设，坚决维护国家海洋权益”。党的二十大进一步强调“发展海洋经济，保护海洋生态环境，加快建设海洋强国”。面对新形势新任务新挑战，全国海事审判三级法院要坚持以习近平新时代中国特色社会主义思想为指导，深入践行习近平法治思想，认真学习贯彻党的二十大和全国两会精神，落实张军院长在全国法院学习贯彻全国两会精神电视电话会议上的讲话要求和第六次全国法院涉外商事海事审判工作会议各项工作部署，在新时代新征程上迈出新步伐、展现新气象、取得新成效，奋力开创海事审判新局面。

理论是行动的先导。人民法院调查研究工作是事关全局的重要基础性工作。加强海事审判理论研究工作是我们创新海事审判工作模式、提升海事审判工作质效的重要抓手。全国海事审判研讨会对明确全国海事审判理论研究方向、传播研究成果、激励研究队伍、推动中心工作起到了积极作用。有影响、有价值的海事审判研究成果不断形成，理论功底深、发展后劲足的研究骨干人才不断涌现，大力促进了司法能力的提升，为推动全国海事审判工作高质量发展作出了重要贡献。2023年海事审判研讨会的主题是民法典实施背景下海事司法相关问题研究、海事诉讼特别程序法修改以及海事司法服务向海经济发展等相关法律问题，紧扣当前服务大局和司法实践需求，内容丰富，意义深远。借此机会，我就新形势下如何加强海事审判理论研究工作、推动海事审判高质量发展谈几点意见。

一、强化政治建设，确保海事审判理论研究工作的正确方向

（一）旗帜鲜明讲政治，推动理论武装走深走实

人民法院是党领导下的国家审判机关，既是政治性很强的业务机关，更是业务性很强的政治机关。旗帜鲜明讲政治是政法机关的第一属性。我们要坚持不懈以习近平新时代中国特色社会主义思想凝心铸魂，坚持以习近平法治思想武装头脑、指导实践、推动工作，牢牢坚持党对司法工作的绝对领导，坚持以人民为中心，以党建引领统一思想、凝聚共识，把党的领导和习近平新时代中国特色社会主义思想贯穿海事审判理论研究工作的全过程、各方面。要深刻领会习近平法治思想的思想精髓和实践要求，增强走中国特色社会主义法治道路的自信、底气和定力，绝不能照搬别国模式和做法，要坚定不移地走适合自己的法治道路，对中国正在经历的深刻而宏大的法治变革实践作出自己的解释，坚持统筹推进国内法治和涉外法治，确保海事审判理论研究工作始终保持正确的政治方向。

（二）胸怀“国之大者”，展现海事司法的新担当新作为

党的二十大擘画了新时代中国特色社会主义宏伟蓝图，人民法院要为推进中国式现代化发挥有力的司法服务保障作用。海事审判直接服务于外贸航运、海洋开发，事关国家司法主权、海洋权益，肩负着服务保障海洋强国建设的重要任务。海事审判理论研究工作要找准海事司法服务以中国式现代化全面推进中华民族伟大复兴的结合点和着力点，准确把握共建“一带一路”高质量发展新要求、新任务，坚持服务好高水平对外开放和海洋强国建设；要坚定“海洋命运共同体”理念，围绕建设

国际海事司法中心目标任务，着眼全局站位与立足本地实际相结合，根据自身区位特点和优势，主动对接当地海事司法新需求，积极开展课题研究，充分发挥海事司法在保护海洋生态环境、推动海洋经济发展、维护国家海洋权益方面的重要作用，为国家海洋强国战略的实施提供优质的司法服务和保障。理论研究选题要围绕党和国家发展大局展开，研究海事司法实践中出现的“真问题”，出实招，求实效，不能仅仅为了满足个人纯粹的兴趣偏好，要紧跟时代步伐，顺应实践发展，提出运用司法手段解决经济社会发展问题的新思路、新举措，更好地服务国家战略实施和经济社会高质量发展。

二、加强调查研究，夯实海事审判研究工作的基础

（一）坚持问题导向，突出海事审判理论研究的针对性

习近平总书记强调指出，调查研究是谋事之基、成事之道，没有调查就没有发言权，没有调查就没有决策权①。调查研究是获得真知灼见的源头活水，是做好工作的基本功。张军院长在最高人民法院党组学习习近平总书记关于调研工作重要批示精神和《中共中央办公厅关于在全党大兴调查研究的工作方案》精神时指出，要善于发现问题、注意解决问题，强调开展调查研究不是一阵风、一项任务。这就要求我们在海事审判研究工作中要特别注意培养问题意识，把调查研究融入日常，注重收集来自方方面面反映的问题，真正把情况摸清、把问题找准、把对策提实，针对工作中存在的热点、重点、难点问题提出解决的新思路、新办法，不能脱离司法实践凭空臆想。人大代表建议、政协委员提案、人民群众反映的问题、上级法院的监督指导意见、下级法院的请示事项、不同审级或者不同地区法院的不同判决或者观点等，都是发现问题的渠道。要紧密结合新时代人民群众对海事司法的新期待、新要求，研究司法实

① 参见《习近平在党的十九届一中全会上的讲话》，载《求是》2018 年第 1 期。

践热点难点、分析海事司法职能定位、推进海事法院改革发展，推动海事审判在更高起点上实现高质量发展。对问题有针对性地开展研究，才能促进问题解决，提升工作质效。例如，船舶碰撞漏油事故中非漏油船舶所有人的过错归责、海上货物运输承运人对大宗散货品质的提单批注义务、多式联运经营人“网状责任制”的法律适用、国内水路货物运输合同无效后的赔偿责任等，都是我们在审判实践中长期存在不同认识、最容易出现裁判不统一判的问题，都需要我们运用丰富的审判实践经验和扎实的理论知识去认真研究、提出解决办法。又如，针对海事法院管辖范围“面广、点多、线长”的特点，如何从立案、审理、执行等各个环节普及推广便民利民措施，为人民群众提供便捷、高效的诉讼服务；如何将海事审判做大做强，服务保障党和国家工作大局，推进建设国际海事司法中心等，都需要我们对照审判工作现代化的要求，找准工作存在的差距以及产生差距的根本原因，提出加强和改进工作的办法。

（二）创新方式方法，实现海事审判理论研究工作的实效性

要始终坚持科学的研究方法。坚持实事求是，全面客观掌握海事司法工作真实情况，准确把握海事司法规律，提出务实管用的意见建议。坚持改革创新，树立“互联网+”的思维方式，在用足用好传统调研方式的同时，积极运用海事司法案例库、中国裁判文书网、中国海事审判工作平台等信息化成果，加强司法大数据实证研究，选题要新，研究要深，建议要实。坚持强强联合，充分利用社会资源，持续深化与海事专业院校和研究机构的交流合作以及与海洋、海事、海警、渔业渔政等业务主管机关的协作互动，取长补短、相互促进，形成研究工作的合力。要不断强化研究成果转化。一是拓展研究成果转化的途径。一方面，要积极将干警的优秀研究成果向报纸、杂志推送发表；另一方面，要注重将研究成果向解决海事审判实际问题、完善工作机制、为领导决策提供参考等方面转化，积极将理论成果用于指导海事审判实践。二是提高研究成果转化的效果。要注重研究成果对本部门、本院乃至全国海事审判的指

导作用，对涉及国家主权、海洋权益等关乎国家安全发展大局的成果，要以“要报”形式积极向党委、人大、政府、政协、上级法院和有关部门报送，为依法管海用海护海、建设海洋强国提供智力支持。

（三）完善机制建设，保障海事审判理论研究工作的持续发展

审判理论研究工作离不开强有力的保障。要健全完善人才选拔机制。各海事法院及其上诉审法院要注重选拔培养研究型干部、专家型法官。要积极组织干警参与各类学术论文、优秀调研成果评比，充分调动审判业务庭法官参与理论研究工作的积极性，把政治素质好、综合素质强的干部充实到海事审判理论研究部门领导岗位。要健全完善工作评价机制。各海事法院及其上诉审高院要建立科学合理的海事审判理论研究工作评价机制，对在调研工作中表现突出的单位和个人要给予适当奖励，增强调研人员的责任感和荣誉感。将调研工作纳入部门和个人考核指标，作为遴选法官、评优评先、晋职晋级的重要依据之一，推动形成人人参与调研、人人善于调研的浓厚氛围。要健全完善培训机制。要充分利用最高人民法院和大连海事大学共建的“海事法官实践培训基地”等平台，加强对干警航海、航运知识的培训，补足知识结构短板，提高应用研究能力。比如，厦门海事法院实施“四懂”海事法官培养工程，开展随船研究实践活动，院船共建、院船联动，助力培养懂法律、懂经济、懂航运、懂外语的海事法官。最高人民法院也要加强有针对性的培训工作，创造各种交流学习的平台，为全国海事干警参加理论和实践培训、提升调查研究能力提供条件、创造机会。

三、充分发挥海事审判职能作用，服务保障国家战略实施

海事审判是人民法院审判工作的重要组成部分。最高人民法院党组高度重视海事审判工作，2023 年 2 月召开的第六次全国法院涉外商事海事审判工作会议要求我们准确把握面临的新形势、新任务，全面贯彻落实党的二十大精神，奋力推进新征程人民法院海事审判工作高质量发展。

为落实会议精神，聚焦国际海事司法中心建设目标任务，我们要深刻领悟“两个确立”的决定性意义，增强“四个意识”、坚定“四个自信”、做到“两个维护”，把党的领导贯穿海事审判全过程、各方面，不折不扣贯彻落实党中央决策部署，以“政治建院”为统领，推动“业务强院”“文化塑院”“科技兴院”。要立足服务海洋强国建设，充分发挥审判职能作用，大力推进海洋生态司法保护，促进海洋经济高质量发展，坚定维护国家海洋权益。要坚持求真务实，做深做实为大局服务，为人民司法依法妥善化解海事纠纷，促公正、提效率，平等保护中外当事人合法权益，为高水平对外开放营造市场化、法治化、国际化一流营商环境。要准确适用我国参加的国际条约和我国法律，坚持国内外普遍认可的、有利于国际航运贸易发展的行业规则，有效维护国际航运和贸易秩序。发挥重大国际影响的司法案件在国际规则制定、填补国际法空白领域方面的作用，增强我国在国际海事司法界的话语权和影响力。要坚持守正创新，推进海事审判体系和审判能力现代化建设。不断优化海事法院派出法庭设置，便利当事人诉讼，增强服务保障能力。稳妥有序推进海事刑事案件试点管辖，不能盲目求快求多。推动海事纠纷多元化解决，强化诉源治理、综合治理，从根本上减少案件发生。不断提升司法服务水平，打造海事纠纷解决优选地。要巩固深化智慧法院建设成果，依托中国海事审判网和各海事法院开发应用的办案办公系统等平台，不断提升海事审判信息化应用水平。目前，中国海事审判网已经上线近一年，广州海事法院作为承建单位付出了很多心血，各海事法院也给予了很多支持，推动网站建设取得了新成效。网站设立的中国海事审判工作平台提供审判数据共享、审判业务信息交流和海事司法案例库，还汇集了各海事法院的信息化建设成果，具有很好的审判执行辅助功能，希望各海事法院及其上诉审法院能够充分运用好这个平台，并且提出好的意见建议，促进网站建设的不断完善。要注重国际传播能力建设，不断提升海事审判的国际影响力。深化国际交流合作，学习借鉴外国有益经验，努力传播中国海事司法好声音。加强对外宣传，通过设立英文门户网站、发布中英文海事审判白皮书、典型案例等方式，展示真实、立体、全面的中国海事司法。积极参与国际规则制定，提升国际话语权和影响力。联合国大会于2022年12月通过了《北京船舶司法出售公约》，这是第一个以中国内地城市命名的国际海事公约，2023年9月将在北京举办签字仪式。目前，联合国国际贸易法委员会第六工作组又开始研究可转让多式联运单证的法律问题。最高人民法院持续派员参与这些国际规则制定，并从海事法院选派部分优秀人才一并参与，贡献“中国智慧”。今后也欢迎各院推荐政治素质优、外语水平好、专业能力强的同志在国际舞台展现中国海事法官的风采。要加强队伍建设，锻造忠诚、干净、担当的法院铁军。海事审判具有涉外因素多、专业技术性强、国际影响大等特点，这对海事审判队伍的政治思想素质、审判业务素质和职业道德素质提出了更高的要求。各海事法院及其上诉审法院要坚持把党的政治建设摆在首位，不断提高干警的政治判断力、政治领悟力和政治执行力，坚持全面从严治党、从严治院、从严管理。注重加强队伍专业能力建设，着力培养一支政治过硬、业务精良、清正廉洁、具有国际视野的高素质海事审判队伍，更好地服务国家海洋强国战略和高水平对外开放。

同志们，党的二十大擘画了新时代中国特色社会主义宏伟蓝图，让我们备受鼓舞。全国海事审判三级法院要自觉地将思想和行动统一到以习近平同志为核心的党中央决策部署上，坚持以习近平新时代中国特色社会主义思想武装头脑，充分发挥海事审判职能作用，踔厉奋发、勇毅前行，为全面建设社会主义现代化国家、全面推进中华民族伟大复兴贡献智慧和力量！

【司法文件】

浙江省高级人民法院涉外民商事审判实务指引

（节选）

（2023年2月）

第五章　调查取证

★法律法规和文件制度：

1.《中华人民共和国民事诉讼法》（2021年修正）第二十七章

2.《最高人民法院关于适用〈中华人民共和国民事诉讼法〉的解释》（2022年修正）

3.《最高人民法院关于内地与澳门特别行政区法院就民商事案件相互委托送达司法文书和调取证据的安排》（2020年修正）

4.《最高人民法院关于依据国际公约和双边司法协助条约办理民商事案件司法文书送达和调查取证司法协助请求的规定》（2020年修正）

5.《最高人民法院关于内地与香港特别行政区法院就民商事案件相互委托提取证据的安排》（法释〔2017〕4号）

6.《最高人民法院关于依据国际公约和双边司法协助条约办理民商事案件司法文书送达和调查取证司法协助请求的规定实施细则（试行）》（法发〔2013〕6号）

7.《最高人民法院关于进一步规范人民法院涉港调查取证司法协助工作的通知》（法〔2013〕26号）

8.《最高人民法院关于进一步规范人民法院涉港澳台调查取证工作的通知》(法〔2011〕243号)

9.《最高人民法院关于人民法院办理海峡两岸送达文书和调查取证司法互助案件的规定》(法释〔2011〕15号)

10.《最高人民法院关于印发〈人民法院办理海峡两岸司法互助案件文件样式(试行)〉的通知》(法〔2011〕202号)

11.《海峡两岸共同打击犯罪及司法互助协议》(2009年4月26日)

12.《最高人民法院关于指定北京市、上海市、广东省、浙江省、江苏省高级人民法院依据海牙送达公约和海牙取证公约直接向外国中央机关提出和转递司法协助请求和相关材料的通知》(法办〔2003〕297号)

13.《全国人民代表大会常务委员会关于我国加入〈关于从国外调取民事或商事证据的公约〉的决定》(1997年7月3日)

14.《最高人民法院、外交部、司法部关于我国法院接受外国法院通过外交途径委托送达法律文书和调查取证收费的通知》(外发〔1992〕18号)

15.《最高人民法院、外交部、司法部关于我国法院和外国法院通过外交途径相互委托送达法律文书和调查取证费用收支办法的通知》(外领五函〔1990〕4号)

16.《最高人民法院、外交部、司法部关于我国法院和外国法院通过外交途径相互委托送达法律文书若干问题的通知》外发〔1986〕47号(最后注明调查取证参照适用)

17.《关于从国外调取民事或商事证据的公约》(1970年)

18.《浙江省高级人民法院关于转发〈最高人民法院关于做好开通人民法院办理海峡两岸司法互助案件二级联络窗口相关工作的通知〉的通知》(浙高法〔2011〕181号)

一、涉外案件的调查取证

（一）我国法院委托外国协助进行民商事案件调查取证

我国法院委托外国协助进行民商事案件调查取证，主要可以通过双边司法协助协定、《海牙取证公约》、外交途径等方式。

1. 根据双边司法协助协定进行调查取证

（1）制作调查取证请求书及转递函等材料。

人民法院审判、执行部门依据双边民事司法协助条约提出调查取证请求时，应当按照下列要求办理：

①制作符合双边民事司法协助条约规定的调查取证请求书

请求书及其附件应当附有被请求国官方文字的译文。翻译为被请求国官方文字确有困难的，可以翻译为双边民事司法协助条约中规定的第三方文字。被请求国不接受双边民事司法协助条约中规定的第三方文字译文的，请求书及其附件应当附有被请求国官方文字的译文。

请求书一般应载明：诉讼涉及的人员的姓名、身份、国籍（法人的名称）以及住所或者居所；请求的事项和所附文件；请求涉及的诉讼的性质和案情摘要等。

②请求书、附件及其译文应当一式两份，按照下列顺序装订成两套：A. 请求书原文及译文；B. 附件一原文及译文（附件二、三依此类推）；C. 证明请求书及其附件的译文与原文一致的翻译证明。

③请求书加盖提出调查取证请求的人民法院院章。

④制作转递函，与请求书及其附件等一并报送国际司法协助专办员或者国际司法协助统一管理部门。

（2）国际司法协助专办员进行依法审查。

国际司法协助专办员收到本院审判、执行部门或者下级法院报送的依据双边民事司法协助条约提出的调查取证请求后，应当按照下列标准进行审查：

①有审判、执行部门或者下级法院的转递函；

②被请求国与我国签订了双边民事司法协助条约且已经生效；

③请求书及其附件的译文符合双边民事司法协助条约的规定。附件译文的语种与请求书的语种一致；

④请求书的各项内容符合双边民事司法协助条约的具体规定，填写规范、完整；

⑤附件中不含有明确标注密级的材料；

⑥其他应当审查的事项。

人民法院协助外国办理民商事案件调查取证请求，应当进行审查。外国提出的司法协助请求，具有双边民事司法协助条约规定的拒绝提供协助的情形的，人民法院应当拒绝提供协助。

人民法院委托外国送达民商事案件司法文书和进行民商事案件调查取证，需要提供译文的，应当委托中华人民共和国领域内的翻译机构进行翻译。

翻译件不加盖人民法院印章，但应由翻译机构或翻译人员签名或盖章证明译文与原文一致。

（3）专办员审核请求书合格后，按照规定逐级报送。

国际司法协助专办员对审判、执行部门报送的依据双边民事司法协助条约提出的调查取证请求书审查合格的，应当制作转递函，及时报送高级人民法院国际司法协助统一管理部门。高级人民法院审查合格的，应当制作转递函，及时报送最高人民法院国际司法协助统一管理部门。最高人民法院审查合格的，应当制作转递函，及时转递中央机关。

（4）收到调查取证结果后及时登记并逐级转递。

最高人民法院国际司法协助统一管理部门收到中央机关转回的调查取证结果和被请求国事后要求支付相关费用的通知后，应当及时登记并转递有关高级人民法院国际司法协助统一管理部门。

高级人民法院收到最高人民法院转回的调查取证结果、付费通知后，或者有权依据《海牙取证公约》直接对外发出调查取证请求的高级人民法院收到外国中央机关转回的调查取证结果、付费通知后，应当及时登记并转递提出调查取证请求的人民法院。

（5）支付调查取证费用。

被请求国要求支付调查取证费用，符合双边民事司法协助条约规定的，提出调查取证请求的人民法院应当及时向当事人代收，当事人根据被请求国要求支付的费用，应当以汇票等形式支付并通过原途径转交被请求国相关机构。

提示点：

●【双边司法协助协定优先原则】被请求国与我国既签订有双边司法协助协定，又是《关于从国外调取民事或商事证据的公约》（简称《海牙取证公约》）成员国的，则按司法协助协定规定的途径办理。

●【适用对等原则】人民法院协助外国办理民商事案件司法文书送达和调查取证请求，适用对等原则。

●【翻译机构及译文】人民法院委托外国进行民商事案件调查取证，需要提供译文的，应当委托中华人民共和国领域内的翻译机构进行翻译。译文应当附有确认译文与原文一致的翻译证明。翻译证明应当有翻译机构的印章和翻译人的签名。译文不得加盖人民法院印章。

●【国际司法协助档案制度】人民法院应当建立国际司法协助档案制度。办理民商事案件调查取证的材料应当作为档案保存。

2. 根据《海牙取证公约》规定的方式调查取证

（1）制作调查取证请求书及转递函。

人民法院审判、执行部门依据《海牙取证公约》提出调查取证请求时，应当按照下列要求办理：

①制作符合《海牙取证公约》规定的调查取证请求书。

根据《海牙取证公约》要求制作请求书，请求书一般应载明：请求执行的机关；诉讼当事人的姓名和地址，代理人的姓名和地址；需要证据的诉讼的性质，以及有关的一切必要资料；需要调取的证据或需履行的其他司法行为。

必要时，请求书还应特别载明：需询问的人的姓名和地址；需向被询问人提出的问题或对需询问的事项的说明；需检查的文书或其他财产，包括动产和不动产；证据需要经宣誓或确认的任何要求，以及应使用的任何特殊格式等。

被请求国对请求书及其附件文字未作出声明或者保留的，请求书及其附件应当附有被请求国官方文字、英文或者法文译文。

被请求国对请求书及其附件文字作出声明或者保留的，请求书及其附件应当附有被请求国官方文字的译文。

被请求国不同地区使用不同官方文字的，请求书及其附件应当附有该地区官方文字的译文。

请求书有附件的，附件译文的语种应当与请求书译文的语种一致。

②请求书、附件及其译文应当一式两份，参照下列顺序装订成两套：A. 请求书原文及译文；B. 附件一原文及译文（附件二、三依此类推）；C. 证明请求书及其附件的译文与原文一致的翻译证明。

③请求书在最终向外国中央机关发出之前，不填写签发日期、地点，也不加盖任一经手法院或者部门的印章。

④制作转递函，与请求书及其附件等一并报送高级人民法院国际司法协助专办员或者国际司法协助统一管理部门。

（2）司法协助专办员进行审查。

国际司法协助专办员收到本院审判、执行部门或者下级法院报送的依据《海牙取证公约》提出的调查取证请求后，应当按照下列标准进行审查：

①有审判、执行部门或者下级法院的转递函；

②被请求国是《海牙取证公约》缔约国且该公约已经在我国和该国之间生效；

③请求书及其附件的译文符合《海牙取证公约》的规定和被请求国对此所作的声明和保留；附件译文的语种与请求书的语种一致；

④请求书的各项内容填写规范、完整；

⑤附件中不含有明确标注密级的材料；

⑥其他应当审查的事项。

(3) 专办员审核请求书合格后，按照规定逐级报送。

国际司法协助专办员对审判、执行部门报送的依据《海牙取证公约》提出的调查取证请求审查合格的，应当制作转递函，及时报送高级人民法院国际司法协助统一管理部门。高级人民法院审查合格的，应当制作转递函，及时报送最高人民法院国际司法协助统一管理部门。最高人民法院审查合格的，应当在请求书及其译文上填写签发日期、地点并加盖最高人民法院国际司法协助专用章后邮寄被请求国中央机关。

根据《最高人民法院关于指定北京市、上海市、广东省、浙江省、江苏省高级人民法院依据《海牙送达公约》和《海牙取证公约》直接向外国中央机关提出和转递司法协助请求和相关材料的通知》（法办〔2003〕297号），北京市、上海市、广东省、浙江省、江苏省高级人民法院系有权依据《海牙取证公约》直接对外发出调查取证请求的高级人民法院，其国际司法协助统一管理部门收到下级法院或者本院审判、执行部门报送的调查取证请求并审查合格的，应当在请求书及其译文上填写签发日期、地点并加盖该高级人民法院国际司法协助专用章后邮寄被请求国中央机关。

(4) 支付调查取证费用。

被请求国要求支付调查取证费用，符合《海牙取证公约》或者双边民事司法协助条约规定的，提出调查取证请求的人民法院应当及时向当事人代收，当事人根据被请求国要求支付的费用，应当以汇票等形式支付并通过原途径转交被请求国相关机构。

提示点：

●【请求书无须认证】《海牙取证公约》第三条规定，请求书不得要求认证或其他类似手续。

●【请求书的译文】请求书应委托国内翻译机构翻译成双边司法协助协定或《海牙取证公约》规定的文字，译文应当附有确认译文与原文一致的翻译证明。翻译证明应当有翻译机构的印章和翻译人的签名。译文不得加盖人民法院印章。

●【外国驻我国使领馆可向其本国公民调查取证，但不得向我国公民或第三国公民调查取证】《海牙取证公约》第二章规定了外交官、领事代表和特派员取证等方式。但我国加入该公约时，对该章除第十五条以外所有条款作出保留。外国驻我国使领馆可以向其本国公民调查取证，但不得向我国公民或第三国公民调查取证。

●【《海牙取证公约》成员国】截至2022年12月31日，1970年《海牙取证公约》的成员国共有64个：阿尔巴尼亚、阿根廷、亚美尼亚、澳大利亚、巴巴多斯、白俄罗斯、波斯尼亚和黑塞哥维那、保加利亚、中华人民共和国、塞浦路斯、哥伦比亚、克罗地亚、捷克、丹麦、爱沙尼亚、芬兰、法国、德国、希腊、匈牙利、冰岛、印度、意大利、科威特、拉脱维亚、列支敦士登、立陶宛、卢森堡、马其顿、马尔他、黑山共和国、墨西哥、摩洛哥、摩纳哥、荷兰、挪威、波兰、葡萄牙、罗马尼亚、俄罗斯、塞尔维亚、塞舌尔、新加坡、斯洛伐克、斯洛文尼亚、南非、韩国、西班牙、斯里兰卡、瑞典、瑞士、土耳其、乌克兰、英国、美国、委内瑞拉、以色列、安道尔、哥斯达黎加、巴西、哈萨克斯坦共和国、尼加拉瓜、越南、格鲁吉亚。（详见 https：//www. hcch. net）

3. 向与我国只有外交关系的国家进行调查取证

制作委托书及有关文件，注明诉讼涉及的人员的姓名、性别、年龄、国籍及其在国外的详细外文地址，请求涉及的案件的基本情况。委托书和所附法律文书应有该国文字或该国同意使用的第三国文字译本。报经高级人民法院审查，再转由外交部领事司向外方转递。

提示点：

●【对我国境外公民的调查取证】对居住在国外的我国公民进行调查取证，如该国允许我使领馆向我国公民调查取证，可以通过使领馆调查取证。通过我国使领馆直接调查取证应采用委托书方式，此类法律文书可不必附有外文译本。委托书和所附法律文书报经高级人民法院审查，再转由外交部领事司转递。

（二）外国法院委托我国法院协助进行民商事案件调查取证

1. 最高人民法院国际司法协助统一管理部门审查

最高人民法院国际司法协助统一管理部门收到中央机关转来的外国法院依据《海牙取证公约》或者双边民事司法协助条约提出的民商事案件调查取证请求后，应当按照下列标准进行审查：

（1）有中央机关的转递函或者请求书；

（2）依据海牙取证公约提出调查取证请求的，该公约在我国与请求国之间已经生效。依据双边民事司法协助条约提出调查取证请求的，该条约已经生效；

（3）属于《海牙取证公约》或者双边民事司法协助条约规定的范围；

（4）属于人民法院的办理范围；

（5）不具有海牙取证公约或者双边民事司法协助条约中规定的拒绝提供协助的情形；

（6）请求方要求采取特殊方式调查取证的，所要求的特殊方式与我国法律不相抵触，且在实践中不存在无法办理或者办理困难的情形；

（7）请求书及其附件有中文译文或者符合海牙取证公约、双边民事司法协助条约规定的语种译文；

（8）其他应当审查的事项。

2. 最高人民法院国际司法协助统一管理部门制作转递函并转递

最高人民法院国际司法协助统一管理部门审查合格的，应当制作转递函，与请求书及其附件一并转递证据或者证人所在地高级人民法院国际司法协助统一管理部门。同一调查取证请求中的证人或者证据位于不同高级人民法院辖区的，最高人民法院可以指定其中一个高级人民法院统一办理。如有需要，相关高级人民法院应当给予必要的协助。

3. 高级人民法院国际司法协助统一管理部门审查并转递办理

高级人民法院国际司法协助统一管理部门收到最高人民法院转来的

调查取证请求后，应当会同本院审判部门进一步审查。审查后认为可以提供协助的，应当制作转递函，与请求书及其附件一并转递证据或者证人所在地中级或者基层人民法院审查、办理。高级人民法院认为本院办理更为适宜的，可以直接办理。

4. 调查取证请求应当由相应的审判部门的法官办理

5. 办理调查取证的法官对调查取证结果的审查

调查取证完毕后，办理调查取证的法官应当对调查取证结果按照下列标准进行审查：

（1）调查取证的内容符合请求书的要求；

（2）不含有明确标注密级的材料；

（3）调查取证结果对外提供后不存在损害国家主权、安全、泄露国家秘密、侵犯商业秘密等情形；

（4）提供的证据材料符合民事诉讼法和相关司法解释规定的形式要件；

（5）其他应当审查的事项。

对于存在《最高人民法院关于依据国际公约和双边司法协助条约办理民商事案件司法文书送达和调查取证司法协助请求的规定实施细则（试行）》第三十九条第三项情形的证据材料，各级人民法院应当在转递函中注明，并将该材料按照该细则第四十条、第四十一条的规定与其他材料一并转递。

6. 国际司法协助专办员对调查取证结果的审查及转递

办理调查取证的法官审查合格后，应当将调查取证结果转递本院国际司法协助专办员。国际司法协助专办员应当参照《最高人民法院关于依据国际公约和双边司法协助条约办理民商事案件司法文书送达和调查取证司法协助请求的规定实施细则（试行）》第三十九条的规定对调查取证结果进行审查。审查合格的，应当制作转递函，与调查取证结果一并转递高级人民法院国际司法协助统一管理部门。

对于存在《最高人民法院关于依据国际公约和双边司法协助条约办

理民商事案件司法文书送达和调查取证司法协助请求的规定实施细则（试行）》第三十九条第三项情形的证据材料，各级人民法院应当在转递函中注明，并将该材料按照该细则第四十条、第四十一条的规定与其他材料一并转递。

7. 高级人民法院专办员审查并转递

高级人民法院收到调查取证结果后，应当参照《最高人民法院关于依据国际公约和双边司法协助条约办理民商事案件司法文书送达和调查取证司法协助请求的规定实施细则（试行）》第三十九条的规定进行审查。审查合格的，应当制作转递函，与调查取证结果一并转递最高人民法院国际司法协助统一管理部门。

对于存在《最高人民法院关于依据国际公约和双边司法协助条约办理民商事案件司法文书送达和调查取证司法协助请求的规定实施细则（试行）》第三十九条第三项情形的证据材料，各级人民法院应当在转递函中注明，并将该材料按照第四十条、第四十一条的规定与其他材料一并转递。

8. 最高人民法院审查

最高人民法院收到高级人民法院转来的转递函和调查取证结果后，应当进行审查，认为可以转交请求方的，应当及时转交中央机关。

9. 费用的支付

我国法院协助外国法院调查取证产生的费用，根据《海牙取证公约》或者双边民事司法协助条约应当由请求方支付的，由办理调查取证的法院提出收费依据和费用清单，通过高级人民法院国际司法协助统一管理部门报请最高人民法院国际司法协助统一管理部门审核。最高人民法院认为应当收取的，通过中央机关要求请求方支付。请求方支付的费用，通过原途径转交办理调查取证的法院。

提示点：

●【对等原则】我国法院委托外国协助调查取证，请求书及其附件附有双边民事司法协助条约规定的第三方文字译文，但被请求国依然要求必须附有该国官方文字译文的，按照对等原则，该国委托我国协助调查取证的请求书及其附件应当附有中文译文。

二、内地法院和香港特别行政区法院相互委托提取证据

（一）内地法院就民商事案件委托香港特别行政区法院提取证据

1. 适用依据

内地人民法院与香港特别行政区法院就民商事案件相互委托提取证据，适用《最高人民法院关于内地与香港特别行政区法院就民商事案件相互委托提取证据的安排》（以下简称《安排》）。

2. 联络机关

双方相互委托提取证据，须通过各自指定的联络机关进行。其中，内地指定各高级人民法院为联络机关；香港特别行政区指定香港特别行政区政府政务司司长办公室辖下行政署为联络机关。

3. 协助范围

内地人民法院根据《安排》委托香港特别行政区法院提取证据的，请求协助的范围包括：

（1）讯问证人；

（2）取得文件；

（3）检查、拍摄、保存、保管或扣留财产；

（4）取得财产样品或对财产进行试验；

（5）对人进行身体检验。

4. 委托书的内容

内地人民法院委托香港特别行政区法院提取证据，应当提供加盖最高人民法院或者高级人民法院印章的委托书。

委托书或者所附相关材料应当写明：

（1）出具委托书的法院名称和审理相关案件的法院名称；

（2）与委托事项有关的当事人或者证人的姓名或者名称、地址及其他一切有助于联络及辨别其身份的信息；

（3）要求提供的协助详情，包括但不限于：与委托事项有关的案件基本情况（包括案情摘要、涉及诉讼的性质及正在进行的审理程序等）。需向当事人或者证人取得的指明文件、物品及询（讯）问的事项或问题清单。需要委托提取有关证据的原因等。必要时，需陈明有关证据对诉讼的重要性及用来证实的事实及论点等；

（4）是否需要采用特殊方式提取证据以及具体要求；

（5）委托方的联络人及其联络信息；

（6）有助执行委托事项的其他一切信息。

提示点：

●【不得直接派员赴港澳特区或者台湾地区调查取证】人民法院在案件审判中，需要从港澳特区或者台湾地区调取证据的，应当按照相关司法解释和规范性文件规定的权限和程序，委托港澳特区或者台湾地区业务主管部门协助调查取证。除有特殊情况层报最高人民法院并经中央有关部门批准外，人民法院不得派员赴港澳特区或者台湾地区调查取证。

人民法院不得派员随同公安机关、检察机关团组赴港澳特区或者台湾地区就特定案件进行调查取证。

（二）香港特别行政区法院委托内地法院就民商事案件协助提取证据

1. 适用依据

内地人民法院与香港特别行政区法院就民商事案件相互委托提取证据，适用《安排》。

2. 联络机关

双方相互委托提取证据，须通过各自指定的联络机关进行。其中，内地指定各高级人民法院为联络机关；香港特别行政区指定香港特别行政区政府政务司司长办公室辖下行政署为联络机关。

3. 协助范围

香港特别行政区法院根据《安排》委托内地人民法院提取证据的，请求协助的范围包括：

（1）取得当事人的陈述及证人证言；

（2）提供书证、物证、视听资料及电子数据；

（3）勘验、鉴定。

4. 委托书的内容

香港特别行政区法院委托内地人民法院提取证据，应当提供加盖香港特别行政区高等法院印章的委托书。委托书或者所附相关材料应当写明：

（1）出具委托书的法院名称和审理相关案件的法院名称。

（2）与委托事项有关的当事人或者证人的姓名或者名称、地址及其他一切有助于联络及辨别其身份的信息。

（3）要求提供的协助详情，包括但不限于：与委托事项有关的案件基本情况（包括案情摘要、涉及诉讼的性质及正在进行的审理程序等）；需向当事人或者证人取得的指明文件、物品及询（讯）问的事项或问题清单；需要委托提取有关证据的原因等；必要时，需陈明有关证据对诉讼的重要性及用来证实的事实及论点等。

（4）是否需要采用特殊方式提取证据以及具体要求。

（5）委托方的联络人及其联络信息。

（6）有助执行委托事项的其他一切信息。

5. 安排取证

内地人民法院作为受委托方应当根据本辖区法律规定安排取证。

委托方请求按照特殊方式提取证据的，如果受委托方认为不违反本辖区的法律规定，可以按照委托方请求的方式执行。

如果委托方请求其司法人员、有关当事人及其诉讼代理人（法律代表）在受委托方取证时到场，以及参与录取证言的程序，受委托方可以按照其辖区内相关法律规定予以考虑批准。批准同意的，受委托方应当将取证时间、地点通知委托方联络机关。

6. 费用承担

受委托方因执行受托事项产生的一般性开支，由受委托方承担。受委托方因执行受托事项产生的翻译费用、专家费用、鉴定费用、应委托方要求的特殊方式取证所产生的额外费用等非一般性开支，由委托方承担。如果受委托方认为执行受托事项或会引起非一般性开支，应先与委托方协商，以决定是否继续执行受托事项。

7. 办理期限及结果回复

受委托方应当尽量自收到委托书之日起六个月内完成受托事项。受委托方完成受托事项后，应当及时书面回复委托方。

如果受委托方未能按委托方的请求完成受托事项，或者只能部分完成受托事项，应当向委托方书面说明原因，并按委托方指示及时退回委托书所附全部或者部分材料。

如果证人根据受委托方的法律规定，拒绝提供证言时，受委托方应当以书面通知委托方，并按委托方指示退回委托书所附全部材料。

三、内地法院和澳门特别行政区法院相互委托调查取证

内地人民法院与澳门特别行政区法院就民商事案件（在内地包括劳动争议案件，在澳门特别行政区包括民事劳工案件）相互委托调取证据，适用《最高人民法院关于内地与澳门特别行政区法院就民商事案件相互委托送达司法文书和调取证据的安排》。

（一）调取的证据范围

委托方法院请求调取的证据只能是用于与诉讼有关的证据。

代为调取证据的范围包括：代为询问当事人、证人和鉴定人，代为进行鉴定和司法勘验，调取其他与诉讼有关的证据。

（二）委托方法院制作委托书

双方相互委托代为调取证据的委托书应当写明：

（1）委托法院的名称；

（2）当事人及其诉讼代理人的姓名、地址和其他一切有助于辨别其身份的情况；

（3）委托调取证据的原因，以及委托调取证据的具体事项；

（4）被调查人的姓名、地址和其他一切有助于辨别其身份的情况，以及需要向其提出的问题；

（5）调取证据需采用的特殊方式；

（6）有助于执行该委托的其他一切情况。

委托书应当以中文文本提出。所附司法文书及其他相关文件没有中文文本的，应当提供中文译本。

（三）委托书的转递机关及转递方式、转递程序

1. 转递机关

双方相互委托送达司法文书和调取证据，通过各高级人民法院和澳门特别行政区终审法院进行。最高人民法院与澳门特别行政区终审法院可以直接相互委托送达和调取证据。经与澳门特别行政区终审法院协商，最高人民法院可以授权部分中级人民法院、基层人民法院与澳门特别行政区终审法院相互委托送达和调取证据。

2. 转递方式

双方相互委托送达司法文书和调取证据，通过全国法院区际（台港澳）司法协助管理平台以电子方式转递；不能通过司法协助网络平台以电子方式转递的，采用邮寄方式。

通过司法协助网络平台以电子方式转递的司法文书、证据材料等文件，应当确保其完整性、真实性和不可修改性。

通过司法协助网络平台以电子方式转递的司法文书、证据材料等文件与原件具有同等效力。

3. 转递程序

各高级人民法院和澳门特别行政区终审法院收到对方法院的委托书

后，应当立即将委托书及所附司法文书和相关文件转送根据其本辖区法律规定有权完成该受托事项的法院。

受委托方法院发现委托事项存在材料不齐全、信息不完整等问题，影响其完成受托事项的，应当及时通知委托方法院补充材料或者作出说明。

经授权的中级人民法院、基层人民法院收到澳门特别行政区终审法院委托书后，认为不属于本院管辖的，应当报请高级人民法院处理。

（四）受托方执行受托事项

（1）受委托方法院应当根据本辖区法律规定执行受托事项。委托方法院请求按照特殊方式执行委托事项的，受委托方法院认为不违反本辖区的法律规定的，可以按照特殊方式执行。

（2）受委托方法院收到委托书后，不得以其本辖区法律规定对委托方法院审理的该民商事案件享有专属管辖权或者不承认对该请求事项提起诉讼的权利为由，不予执行受托事项。

受委托方法院在执行受托事项时，如果该事项不属于法院职权范围，或者内地人民法院认为在内地执行该受托事项将违反其基本法律原则或社会公共利益，或者澳门特别行政区法院认为在澳门特别行政区执行该受托事项将违反其基本法律原则或公共秩序的，可以不予执行，但应当及时向委托方法院书面说明不予执行的原因。

（3）委托方法院提出要求，受委托方法院应当将取证的时间、地点通知委托方法院，以便有关当事人及其诉讼代理人能够出席。

（4）受委托方法院在执行委托调取证据时，根据委托方法院的请求，可以允许委托方法院派司法人员出席。必要时，经受委托方允许，委托方法院的司法人员可以向证人、鉴定人等发问。

（5）受委托方法院可以根据委托方法院的请求，并经证人、鉴定人同意，协助安排其辖区的证人、鉴定人到对方辖区出庭作证。

（6）证人、鉴定人在委托方地域内逗留期间，不得因在其离开受委托方地域之前，在委托方境内所实施的行为或者针对他所作的裁决而被刑事起诉、羁押，不得为履行刑罚或者其他处罚而被剥夺财产或者扣留身份证件，不得以任何方式对其人身自由加以限制。

证人、鉴定人完成所需诉讼行为，且可自由离开委托方地域后，在委托方境内逗留超过七天，或者已离开委托方地域又自行返回时，前述豁免即行终止。

证人、鉴定人到委托方法院出庭而导致的费用及补偿，由委托方法院预付。

出庭作证人员，在澳门特别行政区还包括当事人。

（7）受委托方法院可以根据委托方法院的请求，并经证人、鉴定人同意，协助安排其辖区的证人、鉴定人通过视频、音频作证。

（五）受委托方完成事项后的回复

受委托方法院完成委托调取证据的事项后，应当向委托方法院书面说明。

未能按委托方法院的请求全部或者部分完成调取证据事项的，受委托方法院应当向委托方法院书面说明妨碍调取证据的原因，采取邮寄方式委托的，应及时退回委托书及所附文件。

当事人、证人根据受委托方的法律规定，拒绝作证或者推辞提供证言的，受委托方法院应当书面通知委托方法院，采取邮寄方式委托的，应及时退回委托书及所附文件。

（六）费用的支付

委托方法院无须支付受委托方法院在送达司法文书、调取证据时发生的费用、税项。但受委托方法院根据其本辖区法律规定，有权在调取证据时，要求委托方法院预付鉴定人、证人、翻译人员的费用，以及因采用委托方法院在委托书中请求以特殊方式送达司法文书、调取证据所产生的费用。

（七）委托期限及办理期限

委托方法院应当在合理的期限内提出委托请求，以保证受委托方法院收到委托书后，及时完成受托事项。

受委托方法院应优先处理受托事项。完成受托事项的期限，送达文书最迟不得超过自收到委托书之日起两个月，调取证据最迟不得超过自收到委托书之日起三个月。

提示点：

●【不得直接派员赴港澳特区或者台湾地区调查取证】人民法院在案件审判中，需要从港澳特区或者台湾地区调取证据的，应当按照相关司法解释和规范性文件规定的权限和程序，委托港澳特区或者台湾地区业务主管部门协助调查取证。除有特殊情况层报最高人民法院并经中央有关部门批准外，人民法院不得派员赴港澳特区或者台湾地区调查取证。

人民法院不得派员随同公安机关、检察机关团组赴港澳特区或者台湾地区就特定案件进行调查取证。

四、涉台案件的调查取证

人民法院办理海峡两岸民事、刑事、行政诉讼案件中的调查取证司法互助业务，适用《最高人民法院关于人民法院办理海峡两岸送达文书和调查取证司法互助案件的规定》（以下简称《两岸送达取证规定》）。

（一）基本原则及调查取证范围

1. 基本原则

人民法院办理海峡两岸司法互助业务，应当遵循一个中国原则，遵守国家法律的基本原则，不得违反社会公共利益。

2. 调查取证范围

人民法院办理海峡两岸调查取证司法互助业务，限于与台湾地区法院相互协助调取与诉讼有关的证据，包括取得证言及陈述；提供书证、物证及视听资料；确定关系人所在地或者确认其身份、前科等情况；进行勘验、检查、扣押、鉴定和查询等。

（二）人民法院委托台湾地区法院调查取证

1. 填写请求书

审理案件的人民法院需要台湾地区协助调查取证的，应当填写《〈海峡两岸共同打击犯罪及司法互助协议〉调查取证请求书》附录部分，连同相关材料，一式三份，及时送交高级人民法院。

2. 高级人民法院初步审查并转递

高级人民法院应当在收到前述材料之日起七个工作日内完成初步审查，并将审查意见和《〈海峡两岸共同打击犯罪及司法互助协议〉调查取证请求书》附录部分及相关材料，一式二份，立即转送最高人民法院。

3. 最高人民法院审查

最高人民法院收到高级人民法院转送的《〈海峡两岸共同打击犯罪及司法互助协议〉调查取证请求书》附录部分和相关材料以及高级人民法院审查意见后，应当在七个工作日内完成最终审查。经审查认为可以请求台湾地区协助调查取证的，最高人民法院联络人应当填写《〈海峡两岸共同打击犯罪及司法互助协议〉调查取证请求书》正文部分，连同附录部分和相关材料，立即寄送台湾地区联络人；经审查认为欠缺相关材料、内容或者认为不需要请求台湾地区协助调查取证的，应当立即通过高级人民法院告知提出请求的人民法院补充相关材料、内容或者在说明理由后将材料退回。

4. 调查结果反馈

台湾地区成功调查取证并将取得的证据材料寄送最高人民法院联络人，或者未能成功调查取证并将相关材料送还，同时出具理由说明给最高人民法院联络人的，最高人民法院应当在收到之日起七个工作日内完成审查并转送高级人民法院，高级人民法院应当在收到之日起七个工作日内转送提出请求的人民法院。经审查认为欠缺相关材料或者内容的，最高人民法院联络人应当立即与台湾地区联络人联络并请求补充相关材料或者内容。

（三）协助台湾地区法院代为调取证据

1. 审查并转递

台湾地区请求人民法院协助台湾地区法院调查取证并通过其联络人将请求书和相关材料寄送最高人民法院联络人的，最高人民法院应当在收到之日起七个工作日内完成审查。经审查认为可以协助调查取证的，应当立即转送有关高级人民法院或者由本院办理，高级人民法院应当在收到之日起七个工作日内转送有关下级人民法院办理或者由本院办理；经审查认为欠缺相关材料、内容或者认为不宜协助调查取证的，最高人民法院联络人应当立即向台湾地区联络人说明情况并告知其补充相关材料、内容或者将材料送还。

具体办理调查取证司法互助案件的人民法院应当在收到高级人民法院转送的材料之日起五个工作日内，以“协助台湾地区民事（刑事、行政诉讼）调查取证”案由立案，指定专人办理，并应当自立案之日起一个月内完成协助调查取证，最迟不得超过三个月。因故不能在期限届满前完成的，应当提前函告高级人民法院，并由高级人民法院转报最高人民法院。

2. 调查结果的反馈

具体办理调查取证司法互助案件的人民法院成功调查取证的，应当在完成调查取证之日起七个工作日内将取得的证据材料一式三份，连同台湾地区提供的材料，并在必要时附具情况说明，送交高级人民法院；未能成功调查取证的，应当出具说明函一式三份，连同台湾地区提供的材料，在确认不能成功调查取证之日起七个工作日内送交高级人民法院。

高级人民法院应当在收到前述材料之日起七个工作日内完成初步审查，并将审查意见和前述取得的证据材料或者说明函等，一式二份，连同台湾地区提供的材料，立即转送最高人民法院。

最高人民法院应当在收到之日起七个工作日内完成最终审查，由最高人民法院联络人出具《〈海峡两岸共同打击犯罪及司法互助协议〉调查取证回复书》，必要时连同相关材料，立即寄送台湾地区联络人。

证据材料不适宜复制或者难以取得备份的，可不按前述要求提供备份材料。

提示点：

●【档案保存】在办理海峡两岸司法互助案件中收到、取得、制作的各种文件和材料，应当以原件或者复制件形式，作为诉讼档案保存。

●【无须公证或其他证明手续】对于依照《海峡两岸共同打击犯罪及司法互助协议》和《两岸送达取证规定》从台湾地区获得的证据和司法文书等材料，无须办理公证或其他证明手续。

●【专设部门或人员】各级人民法院都要确定本院一个部门牵头、归口办理涉台司法互助工作并指定专人负责，涉台司法互助任务较重的法院要设立专门机构，具有涉外商事管辖权的法院应当由涉外商事审判庭负责司法协助工作；相关审判业务部门要确定一名涉台司法互助工作联络人，并及时将上述负责人与联络人姓名、联络方式及变动情况层报高级人民法院。联络人向牵头、归口办理涉台司法互助工作的部门提供意见咨询并负责相关工作协调。

●【文书制作】制作对台调查取证等司法协助文书的具体要求与文书样式，详见《最高人民法院关于印发〈人民法院办理海峡两岸司法互助案件文书样式（试行）〉的通知》。涉台司法互助文书不使用带有人民法院名称的公文用纸，亦不加盖人民法院印章，均以最高人民法院联络人或者高级人民法院联络人名义落款并由联络人签名或盖章，不得以代理联络人名义出具对台文书。但是，请求书附录部分和送达回证分别需要案件审理法院和送达法院加盖人民法院印章。在表述或者填写人民法院名称时，不应在法院全称前冠以“中华人民共和国”字样。日期使用公元纪年，其中正文中的日期可使用阿拉伯数字，落款日期一律使用汉字小写数字。

●【保密】人民法院对于台湾地区请求协助所提供的和执行请求所取得的相关资料应当予以保密。但依据请求目的使用的除外。

【请示与答复】

(一) 申请确认仲裁协议效力案件

最高人民法院

关于苏州某房地产开发有限公司与某莹公司股东知情权纠纷管辖权问题请示的复函

2023年2月10日　　　　　　　　(2023)最高法民他4号

江苏省高级人民法院:

你院(2022)苏民辖终173号《关于苏州某房地产开发有限公司与某莹公司股东知情权纠纷管辖权异议一案的请示》收悉。经研究,答复如下。

根据请示所述事实,案涉《合同书》系某莹公司与案外人苏州某地产开发经营有限公司为成立苏州某房地产开发有限公司而签订,苏州某房地产开发有限公司并非《合同书》的签约主体。故某莹公司与苏州某房地产开发有限公司之间的股东知情权纠纷,不受案涉《合同书》中仲裁条款的约束。

鉴于被告苏州某房地产开发有限公司住所地位于苏州市,根据《中华人民共和国民事诉讼法》(2021年)第二十七条、《最高人民法院关于适用〈中华人民共和国民事诉讼法〉的解释》(2022年)第二十二条之规定,苏州市中级人民法院对本案具有管辖权。故同意你院请示意见。

此复

附：

江苏省高级人民法院

关于苏州某房地产开发有限公司与某莹公司股东知情权纠纷管辖权异议一案的请示

2023 年 1 月 4 日　　　　　　　　　　　（2022）苏民辖终 173 号

最高人民法院：

上诉人苏州某房地产开发有限公司（以下简称某公司）因与被上诉人某莹公司股东知情权纠纷管辖权异议一案，不服江苏省苏州市中级人民法院（2022）苏 05 民初 786 号民事裁定，向本院提起上诉。我院经审查，认为案涉仲裁条款对本案纠纷不具有约束力，苏州市中级人民法院对本案具有管辖权。我院拟裁定驳回某公司的上诉，维持原裁定。因本案具有涉港因素，根据《最高人民法院关于仲裁司法审查案件报核问题的有关规定》第二条、第八条规定，特向贵院请示。现将情况报告如下。

一、当事人的基本情况

上诉人（原审被告）：某公司。住所地：江苏省苏州市姑苏区。

法定代表人：吉某，该公司董事长。

被上诉人（原审原告）：某莹公司（Ying Ying Company）。住所地：香港特别行政区九龙城区。

代表人：凌某，该公司授权代表。

二、基本案情

某莹公司述称，某莹公司与案外人苏州市某地产开发经营有限公司于 1992 年 10 月 31 日发起设立某公司。某莹公司持有某公司 60%股权，苏州市某地产开发经营有限公司持有某公司40%股权，凌某担任某公司董事长。某公司成立至今，从未向某莹公司分配过利润。某莹公司发现，关于某公司重大经营管理事项的变更，在没有实际召开董事会的情况下，某公司假冒某莹公司签名作出决议，并在工商部门变更登记。某莹公司的股权比例也从60%被恶意降低至25%。以上行为违背了合营《合同书》以及某公司《章程》的约定。某莹公司向某公司发函要求行使股东知情权，但某公司不予理会，故提起本案诉讼，请求判令：（1）某公司向某莹公司提供自1992年10月31日设立之日起至今历年的原始财务会计报告、会计账簿、会计凭证，董事会、股东会、监事会会议决议及记录，供某莹公司查阅、复制；（2）某公司承担本案诉讼费。

某公司在提交答辩状期间提出管辖权异议，认为合营《合同书》明确约定："凡因执行本合同所发生的或与本合同有关的一切争议，双方应通过友好协商解决；如果协商不能解决，应提交中国国际贸易促进委员会对外经济贸易仲裁委员会，根据该会的仲裁程序进行仲裁，仲裁裁决是终局的，对双方都具有约束力。"本案是基于合营《合同书》所提起的纠纷，应当按照约定提交仲裁解决，人民法院无管辖权，请求驳回某莹公司的起诉。

三、苏州市中级人民法院的处理意见

苏州市中级人民法院经审查认为，本案系股东知情权纠纷，涉及某莹公司作为股东与某公司作为合营公司之间的权利义务，而非股东之间的法律关系。某公司并非合营《合同书》的签约主体，未参与订立仲裁条款，因此，某莹公司与某公司另一股东所签署的合营《合同书》中的仲裁条款不能约束某公司。某公司就本案提出的管辖权异议实为主管管辖，其主张无相应事实和法律依据。根据民事诉讼法（2021年修正，下同）第二十二条第二款规定，对法人或者其他组织提起的民事诉讼，由被告住所地人民法院管辖。本案系涉港商事案件，应当参照涉外商事案件适用集中管辖的规定。苏州市中级人民法院作为具有涉外商事案件管辖权的被告住所地法院，有权管辖本案。一审法院遂裁定驳回某公司提出的管辖权异议。

四、上诉及答辩意见

某公司上诉称，某莹公司依据合营《合同书》提起本案诉讼，而合营《合同书》明确规定："凡因执行本合同所发生的或与本合同有关的一切争议，双方应通过友好协商解决；如果协商不能解决，应提交中国国际贸易促进委员会对外经济贸易仲裁委员会，根据该会的仲裁程序进行仲裁，仲裁裁决是终局的，对双方都具有约束力。"因此，本案应当按照约定管辖条款由中国国际贸易促进委员会对外经济贸易仲裁委员会（现中国国际经济贸易仲裁委员会）进行管辖。

某莹公司未提交答辩意见。

五、我院处理意见

我院经审查认为，本案系股东与合营公司之间的股东知情权纠纷，而非合营公司股东之间的纠纷。涉及合营事项的《合同书》的签订主体是某公司的两名股东，即某莹公司与苏州市某地产开发经营有限公司，某公司并非《合同书》的签约主体，因此，《合同书》中的仲裁条款不能约束某公司与某莹公司之间的纠纷。根据民事诉讼法第二十二条第二款规定，对法人或者其他组织提起的民事诉讼，由被告住所地人民法院管辖。被告某公司住所地在苏州市，故苏州市中级人民法院依法对本案具有管辖权。

综上所述，某公司的上诉理由不能成立，其请求应予驳回。依照民事诉讼法第一百七十七条第一款第一项、第一百七十八条规定，我院拟驳回上诉，维持原裁定。

以上意见妥否，请示复！

最高人民法院

关于某财保北京公司与某半导体公司、某半导体香港公司、某株式会社保险人代位求偿权纠纷一案的复函

2023年6月20日　　　　　　　　　　　　　(2023) 最高法民他24号

江苏省高级人民法院：

你院《关于某财保北京公司与某半导体公司、某半导体香港公司、某株式会社保险人代位求偿权纠纷一案的请示》收悉。经研究，答复如下。

某财保北京公司依据《参与协议》主张某半导体香港公司承担责任，并依据《工作说明书》主张某半导体公司和某株式会社承担责任。本案并非必要共同诉讼，某半导体公司和某株式会社并非《参与协议》的签订主体，《参与协议》中的仲裁条款对某半导体公司、某株式会社不具有约束力。

此复

附：

江苏省高级人民法院
关于某财保北京公司与某半导体公司、某半导体香港公司、某株式会社保险人代位求偿权纠纷一案的请示

2023年2月22日　　（2022）苏民辖终33号

最高人民法院：

上诉人某半导体（中国）有限公司（以下简称某半导体公司）、某半导体香港有限公司（以下简称某半导体香港公司）、某株式会社因与被上诉人某财保股份有限公司北京市分公司（以下简称某财保北京公司）保险人代位求偿权纠纷一案，不服江苏省无锡市中级人民法院（2021）苏02民初48号、（2021）苏02民初48号之一民事裁定，向我院提起上诉。我院经审查后，合议庭一致意见拟撤销一审裁定，裁定驳回某财保北京公司对某半导体香港公司的起诉；驳回某半导体公司、某株式会社的管辖权异议。根据《最高人民法院关于仲裁司法审查案件报核问题的有关规定》，现将该案有关情况向贵院报告如下。

一、当事人的基本情况

上诉人（一审被告）：某半导体公司。住所地：中华人民共和国江苏省无锡高新区综合保税区。

法定代表人：郭某正，该公司董事长。

委托诉讼代理人：金某，北京市君合律师事务所律师。

委托诉讼代理人：刘某，北京市君合律师事务所律师。

上诉人（一审被告）：某半导体香港公司。住所地：中华人民共和国香港特别行政区东区鲗鱼涌华兰路。

代表人：KIM SOOK WAN。

委托诉讼代理人：陈某，君合律师事务所上海分所律师。

委托诉讼代理人：陶某，君合律师事务所上海分所律师。

上诉人（一审被告）：某株式会社。住所地：大韩民国京畿道利川市布邑邑庆中大路。

代表人：李某熙（LEE SEOK HEE）。

委托诉讼代理人：陈某，君合律师事务所上海分所律师。

委托诉讼代理人：陶某，君合律师事务所上海分所律师。

被上诉人（一审原告）：某财保北京公司。住所地：中华人民共和国北京市东城区。

负责人：郭某军，该公司总经理。

委托诉讼代理人：何某华，北京市海通律师事务所律师。

委托诉讼代理人：周某雨，北京市海通律师事务所律师。

二、当事人诉辩意见

某财保北京公司向一审法院提出诉讼请求，要求判令：（1）某半导体公司、某半导体香港公司、某株式会社连带赔偿某财保北京公司3000万元；（2）某半导体公司、某半导体香港公司、某株式会社连带赔偿某财保北京公司利息损失，以3000万元为基数，自起诉之日起算至实际履行之日止，利率按照全国银行间同业拆借中心公布的贷款市场报价利率计算；（3）本案诉讼费由某半导体公司、某半导体香港公司、某株式会社承担。事实与理由：2013年7月18日，某半导体公司与某建设（中国）有限公司（以下简称某建设公司）签订的《建设工程承包合同书》约定某建设公司为某半导体公司建设“13年第三季度设备（CNC、TF、DF）2次配管工程”，竣工预定日期为2013年9月30日。在上述工程建设过程中发生火灾，无锡市公安消防支队作出《火灾事故认定书》（锡公消火认字〔2013〕第0014号），载明火灾事故基本情况：2013年9月4日15时38分，无锡市公安消防指挥中心接到报警称位于新区出口加工区某地块的某半导体公司生产大楼的车间二层发生火灾，过火面积约2500平方米，火灾中烧毁二层的部分设备和管道，烧毁三层的部分设备和管道、四楼的洗涤塔等。火灾直接影响了某半导体（无锡）有限公司（以下简称某半导体无锡公司）生产存储器、消费类、移动类产品的区域，造成某半导体无锡公司生产中断。经最高人民法院（2018）最高法民终1334号民事判决认定：对于火灾造成的全部事故损失的60%属于某半导体公司因自身原因造成的损失扩大。对于火灾造成全部事故损失的剩余40%，某半导体公司与某建设公司均具有过错，按照5：5的比例各自承担责任。另外，最高人民法院在二审中查明，某半导体无锡公司于2018年6月26日注销，合并入某半导体公司。某半导体公司、某半导体无锡公司、某半导体香港公司的全资控股母公司均为某株式会社，其是世界主要的内存供应商之一，也是联想（北京）有限公司及其关联公司（以下简称某想集团）的主要内存供应商。上述火灾事故导致某株式会社的生产受到影响、供货减少，同时导致市场上内存价格整体上涨。对某株式会社少供应的内存数量，某想集团只能以更高的价格向其他供应商采购，内存采购费用因此大幅增加。某想集团向某财保北京公司投保了商业中断保险，承保风险包括供应商发生保险事故导致被保险人营业受到干扰或中断而产生的利润损失。某想集团和某财保北京公司共同委托了根某保险公估（中国）有限公司对某半导体无锡公司火灾造成的某想集团利润损失进行理算定损，最终确定损失金额为70988350元。2017年12月27日，某财保北京公司向某想集团赔付保险金70988350元。某株式会社、某半导体公司、某半导体香港公司与某想集团签署了包括《供货协议》《工作说明书》《参与协议》在内的一系列货物供应协议。其中，《工作说明书》第3.3.2条明确约定在使用转包商的情况下，不能减轻某株式会社作为供应商的合同责任；第8.1条明确约定如果某株式会社的关联公司未能如约履行，某株式会社保证对因此造成的损失向某想集团承担赔偿责任。某半导体公司因为自身重大过错导致火灾发生、供应中断，对因此造成的某想集团利润损失，某株式会社、某半导体公司、某半导体香港公司应当承担连带赔偿责任。根据保险法第六十条，某财保北京公司在向某想集团赔付保险金后已依法取得保险人代位求偿权，故诉至法院。

某半导体公司、某半导体香港公司、某株式会社在提交答辩状期间，对本案管辖权提出异议，均认为：某财保北京公司提交的证据《参与协议》中存在有效的仲裁条款，故本案应由仲裁解决。

某财保北京公司针对管辖异议答辩认为：某财保北京公司并未签署《参与协议》，某半导体香港公司注册地位于香港，某株式会社注册地位于韩国，故本案具有涉外因素。在涉外案件中，某财保北京公司依法取得保险人代位求偿权，属于法定债权让与，仲裁条款属于程序性条款，不属于某财保北京公司取得的实体权利，故某财保北京公司不受仲裁条款的约束。

三、一审法院查明的案件事实

2012年12月31日，某财保北京公司出具《营业中断保险单》，载明被保险人为某想公司及其关联公司，保险期限自2013年1月1日零时起至2013年12月31日二十四时止，保险金额7998035641.39元，并约定具体保险条款。2014年3月3日，某财保北京公司出具《出险通知书》，载明出险原因为被保险人供应商某株式会社下属某半导体无锡公司发生大火，出险日期为2013年9月4日。某想公司出具的《索赔确认函》载明，其同意2013年9月4日发生在某半导体无锡公司的爆炸/火灾事故以70988350元作为最终索赔金额，在某财保北京公司全部支付前述款项后，某财保北京公司就前述保险事故应承担的赔偿责任依法解除。2017年12月27日，某财保北京公司向某想公司打款70988350元。

1999年12月1日，某机器（买方）与某电子工业有限公司（供应商）签订的《供货协议》（#4999EF0006）中“按时交付”条款约定，……当买方要求以较短的交付时间交付时，供应商将作出合理的努力。如果供应商不能遵守交付承诺，供应商应及时通知买方修改后的交付日期，买方可以：(1) 免费取消尚未交付的产品或服务；(2) 在其他地方采购此类产品或服务，并向供应商收取成本差额；(3) 要求供应商使用优先运费交付产品，费用由供应商承担，以支付增加的运费；(4) 行使法律、衡平法和本协议规定的所有其他救济。

某机器公司与某半导体公司于2002年11月12日签订的《工作说明书》序言载明：本工作说明书（#4999EF0031）通过引用采纳且并入了包含某机器公司和某半导体公司之间的#4999EF0006供货协议的条款和条件。该《工作说明书》第3.2.2条“使用分包商”条款约定：供应商使用分包商并不能免除供应商对分包商履约的责任，供应商在本《工作说明书》下承担的责任同样适用于此类分包商，这必须由供应商与此类分包商商定。买方有权审查供应商针对其分包商运营的管理体系，并有权与供应商一起审查其分包商的管理体系，但仅限于与本《工作说明书》的目的相关的内容。买方有权以任何理由拒绝供应商在履行本《工作说明书》时使用分包商。第8.1条“公司担保”条款约定，供应商保证其关联公司按照本协议或任何《参与协议》的所有条款和条件，迅速、圆满地履行本协议或任何《参与协议》项下的义务和责任。如果供应商关联公司未能根据协议或任何《参与协议》的条款和条件履行其义务或责任，供应商应向买方或买方关联公司支付买方或买方关联公司因该等违约而有权从供应商关联公司获得的所有合理的损害赔偿金、成本和费用。本担保应持续有效，直至供应商关联公司在本协议或任何《参与协议》项下的所有义务已完全解除。只要买方或买方关联公司对供应商关联公司的任何索赔仍未解决，供应商不得被免除本担保项下的责任。

某信息产品（深圳）有限公司与某半导体香港公司签订的《参与协议》（#4901SZ0076）载明：本《参与协议》以援引的方式纳入某机器公司与某半导体公司之间的《供货协议》（#4999EF0006）和《工作说明书》（#4999EF0031）的所有条款和条件。该《参与协议》第4条“选择法院”约定：由本协议引起的或与本协议有关的所有争议应由双方通过友好协商解决。如果上述争议不能通过友好协商解决，任何一方均可将争议提交位于北京的中国国际经济贸易仲裁委员会按照其当时有效的仲裁规则进行仲裁。仲裁庭应由三名仲裁员组成。仲裁裁决是终局的，具有约束力。

2005年4月14日，某机器公司与某半导体公司签订《承袭协议》，载明：鉴于某机器公司与某想集团有限公司已就向联想出售某机器公司个人电脑部门的若干资产及开发、营销、销售及生产业务达成协议。鉴于某机器公司或其一个或多个子公司或关联公司和某半导体公司签订了与某机器公司个人计算机产品有关的、某机器公司和供应商在本协议中已明确说明的产品和服务的供应协议（《参考供应商协议》）……第1.2条约定，本《承袭协议》通过引用采纳并合并了自本《承袭协议》生效之日起生效的《参考供应商协议》的所有条款和条件……该条所附的《参考供应商协议》包括#4901SZ0076。

某财保北京公司主张某半导体公司后更名为某株式会社，并主张某信息产品（深圳）有限公司为某想集团内的关联公司。

四、一审法院处理意见

一审法院认为，根据法律规定，仲裁协议应当具有下列内容：（1）请求仲裁的意思表示；（2）仲裁事项；（3）选定的仲裁委员会。民事诉讼法第一百二十七条第二项规定，双方当事人达成书面仲裁协议申请仲裁、不得向人民法院起诉的，人民法院告知原告向仲裁机构申请仲裁。本案中，某半导体公司与某机器公司、某想集团及其关联公司之间均未签署有效仲裁条款或达成仲裁协议；某半导体公司、某株式会社并非《参与协议》的当事人，故其主张本案应由仲裁解决显然无事实依据，一审法院不予采纳。

关于某半导体香港公司、某株式会社提出的本案应由仲裁解决的主张，一审法院认为，首先，某财保北京公司并非订有仲裁条款的《参与协议》（#4901SZ0076）的当事人，其并无仲裁的意思表示，该仲裁条款对其不具有约束力；其次，保险代位求偿权是一种法定债权，保险人依据保险合同取得代位求偿权后，相应的求偿的实体权利转移给保险人。而《参与协议》（#4901SZ0076）中的仲裁条款是当事人为协商解决合同纠纷而订立的，是独立于合同项下权利义务关系的程序性条款，故在某财保北京公司明确提起本案诉讼且对管辖异议提出反驳的情况下，该仲裁条款对某财保北京公司不具有约束力。

综上所述，某半导体公司、某半导体香港公司、某株式会社关于本案管辖的异议均不成立，据此，一审法院于2022年1月26日作出（2021）苏02民初48号民事裁定，驳回某半导体公司、某半导体香港公司的管辖权异议；后于2022年4月22日作出（2021）苏02民初48号之一民事裁定，驳回某株式会社的管辖权异议。

五、上诉请求与理由及答辩意见

某半导体公司、某半导体香港公司、某株式会社上诉请求：撤销一审裁定，驳回某财保北京公司的起诉。事实和理由：（1）一审裁定认定某财保北京公司作为法定债权受让人，原合同仲裁条款对其不具有约束力，属于适用法律错误。第一，某财保北京公司已将《参与协议》作为证据提交，证明其知悉相关仲裁条款的存在；同时，某财保北京公司并未提交证据证明其对《参与协议》中的仲裁条款表示明确反对或不知另有其他约定，故《参与协议》中的仲裁条款对某财保北京公司具有约束力。第二，根据《最高人民法院关于适用〈中华人民共和国保险法〉若干问题的解释（四）》第十二条规定，保险人以造成保险事故的第三者为被告提起代位求偿权之诉的，以被保险人与第三者之间的法律关系确定管辖法院。仲裁协议与管辖协议在性质上具有相似性，仲裁协议对于行使代位求偿权的保险人的约束力，应与上述管辖的规定采用相同的理论。第三，2019年《全国法院民商事审判工作会议纪要》第98条对该问题又进一步明确，本案的合同性质为一般买卖合同，不属于海事、海商等特殊情况，且《参与协议》约定适用的法律为中国法律、约定的管辖机构为国内仲裁机构，在判断该仲裁条款效力时并不涉及“国际条约、国际惯例的适用”问题，故《参与协议》中的仲裁条款对某财保北京公司具有约束力。相关案例也说明该类保险人代位追偿应受原合同仲裁条款约束。第四，一审法院将某财保北京公司在一审诉讼阶段的管辖异议反驳，视为《最高人民法院关于适用〈中华人民共和国仲裁法〉若干问题的解释》第九条的“受让债权债务时的反对意见”，明显适用法律错误。(2) 一审裁定存在程序瑕疵。某财保北京公司一审中针对管辖异议进行了答辩，但一审法院未进行送达，也没有组织双方对管辖问题进行询问，导致上诉人对答辩内容不知情，无法进行相关解释及说明。某半导体公司、某半导体香港公司上诉还提出一审法院在作出（2021）苏02民初48号民事裁定时，尚未完成向某株式会社的送达，致使某株式会社未能就管辖权异议发表意见，影响了本案调查的客观完整性。(3) 某半导体公司、某半导体香港公司上诉提出，尽管某半导体公司并非《参与协议》的一方当事人，但因某财保北京公司系依据该《参与协议》提起诉讼要求某半导体公司承担赔偿责任，本案审理涉及某半导体公司的实体利益。故某半导体公司有权在本案中援引《参与协议》中的仲裁条款提出管辖权异议，主张本案应交由仲裁处理。一审法院仅以某半导体公司并非《参与协议》当事人为由裁定驳回管辖权异议申请，属于适用法律错误。

某财保北京公司辩称：(1) 一审法院对于某半导体公司具有管辖权。某半导体公司并未签署与涉案有关的任何仲裁条款，其住所地在一审法院管辖区域内，故一审法院具有管辖权。至于某半导体公司是否应当承担赔偿责任属于实体问题，不属于在管辖权审理阶段应当处理的问题。(2) 涉案仲裁条款具有涉外性质，某财保北京公司不受该仲裁条款约束。某财保北京公司并未签署《参与协议》，也没明确表示接受其中的仲裁条款。某半导体香港公司注册地为香港，本案同时涉及注册地在韩国的某株式会社，具有涉外因素。在涉外案件中，某财保北京公司取得保险人代位求偿权属于法定债权让与，仲裁条款属于程序性条款，不属于某财保北京公司取得的实体权利，某财保北京公司不受涉案仲裁条款的约束。

上诉人援引的案例不应作为典型案例予以参考。综上所述，请求驳回某半导体公司、某半导体香港公司、某株式会社的上诉请求。

六、我院审查意见

合议庭经讨论形成一致意见：维持江苏省无锡市中级人民法院（2021）苏02民初48号之一民事裁定，即驳回某株式会社的管辖权异议；撤销江苏省无锡市中级人民法院（2021）苏02民初48号民事裁定；驳回某财保北京公司对某半导体香港公司的起诉；驳回某半导体公司的管辖权异议。

（一）应当驳回某财保北京公司对某半导体香港公司的起诉

国际信息产品（深圳）有限公司与海力士半导体香港有限公司签订的《参与协议》第4条“选择法院”条款载明：“由本协议引起的或与本协议有关的所有争议应由双方通过友好协商解决。如果上述争议不能通过友好协商解决，任何一方均可将争议提交位于北京的中国国际经济贸易仲裁委员会按照其当时有效的仲裁规则进行仲裁。”该仲裁条款系合同双方自愿达成，且不违反法律、行政法规强制性规定，应认定有效。某财保北京公司作为保险人，在赔偿被保险人某想集团的损失后，依据《参与协议》提起本案代位求偿权诉讼，主张某半导体香港公司承担违约责任。根据保险法第六十条“因第三者对保险标的的损害而造成保险事故的，保险人自向被保险人赔偿保险金之日起，在赔偿金额范围内代位行使被保险人对第三者请求赔偿的权利”的规定，保险人代位求偿权源于法律的直接规定，属于保险人的法定权利，并非基于保险合同而产生的约定权利。保险人在代位行使被保险人对第三者请求赔偿的权利时，应根据被保险人与第三者之间的法律关系确定管辖。某财保北京公司在签订保险合同时应当知道上述仲裁条款的存在，且没有证据证明其明确表示反对该仲裁协议，故其应受《参与协议》中仲裁条款的约束，某财保北京公司对某半导体香港公司的起诉应予驳回。

（二）应当驳回某半导体公司、某株式会社的管辖权异议

第一，某半导体公司、某株式会社并非《参与协议》中仲裁条款的当事人。仲裁法第四条规定："当事人采用仲裁方式解决纠纷，应当双方自愿，达成仲裁协议。没有仲裁协议，一方申请仲裁的，仲裁委员会不予受理。"本案中，某半导体公司、某株式会社上诉主张，根据《参与协议》中的仲裁条款，本案应交由仲裁处理，但某半导体公司、某株式会社并非《参与协议》中仲裁条款的当事人。第二，本案不是必要的共同诉讼。仲裁是建立在当事人间意思自治的基础上的，不能任意扩张到未签订仲裁协议的当事人。本案中，某财保北京公司明确其系根据《工作说明书》主张某半导体公司、某株式会社承担责任，与《参与协议》是基于不同的合同、不同的法律关系，不是必要的共同诉讼。综上所述，一审法院裁定驳回某半导体公司、某株式会社的管辖权异议，并无不当。

关于三上诉人所提一审裁定存在程序瑕疵的问题。经查，一审法院于2022年1月26日针对某半导体公司、某半导体香港公司的管辖权异议作出（2021）苏02民初48号民事裁定，后于2022年4月22日针对某株式会社的管辖权异议作出（2021）苏02民初48号之一民事裁定。各方均就管辖权问题充分发表了意见，三上诉人关于程序的异议不能成立。

因本案拟认定案涉仲裁条款对某半导体公司、某株式会社不具有约束力，依据《最高人民法院关于仲裁司法审查案件报核问题的有关规定》第二条第一款、第八条的规定，特向贵院报核。

最高人民法院

关于东莞某能源公司申请确认仲裁协议效力案请示的复函

2023 年 6 月 20 日　　　　　　　　　　（2023）最高法民他 35 号

广东省高级人民法院：

你院（2023）粤民他 2 号《关于东莞某能源公司申请确认仲裁协议效力案的请示》收悉。经研究，答复如下。

本案当事人签订仲裁协议时广东省内存在多家仲裁机构，且其约定的“广东省仲裁委员会”并不存在，案涉仲裁条款对仲裁机构约定不明确。争议发生后，东莞某能源公司向人民法院请求确认仲裁条款无效的事实表明双方缺乏协商的基础和意愿，各方当事人未能就仲裁机构达成补充协议，案涉仲裁条款应当认定无效。

此复

附：

广东省高级人民法院
关于东莞某能源公司申请确认仲裁协议效力案的请示

2023年2月14日　　　　　　　　　　(2023) 粤民他2号

最高人民法院：

广东省东莞市中级人民法院（以下简称东莞中院）受理东莞某能源公司申请确认仲裁协议效力一案，经审查拟裁定案涉仲裁协议无效，遂向我院请示。我院拟同意该院处理意见。因该案仲裁被申请人海扬国际有限公司系在香港设立的企业，本案为涉港仲裁司法审查案件。现依照《最高人民法院关于仲裁司法审查案件报核问题的有关规定》第二条第一款的规定，向钧院请示。

一、当事人基本情况

申请人（仲裁被申请人）：东莞某能源投资集团有限公司（以下简称东莞某能源公司）。住所地：广东省东莞松山湖高新技术产业开发区。

法定代表人：陈某新，该公司董事长。

委托诉讼代理人：杨某丽，广东众达律师事务所律师。

被申请人（仲裁申请人）：深圳市某石油有限公司（以下简称深圳某石油公司）。住所地：广东省深圳市南山区。

法定代表人：彭某绮，该公司总经理。

委托诉讼代理人：钱某，广东港联律师事务所律师。

委托诉讼代理人：杨某，广东港联律师事务所律师。

被申请人（仲裁申请人）：某扬国际有限公司（以下简称某扬公司）。住所地：香港特别行政区湾仔区谢斐道。

代表人：彭某绮。

二、当事人申请及答辩意见

东莞某能源公司申请法院确认《股权变更合同》及《东莞东海石油产品仓储有限公司补充合同之一（股权变更合同书）》中的仲裁协议无效。事实与理由：东莞某能源公司与深圳某石油公司于1999年4月16日签订的《股权变更合同》约定，如有纠纷“应首先予以协商解决，如协商未果，则本条所述之任何一方，可将争议事项提交广东省仲裁委员会仲裁解决”。东莞某能源公司与深圳某石油公司、某扬公司于1999年6月25日签订的《东莞东海石油产品仓储有限公司补充合同之一（股权变更合同书）》约定，如有纠纷，协商未果情况下，“本条所述之任何一方，可将争议事项提交广东省仲裁委员会仲裁解决”。上述两份合同均约定产生争议由“广东省仲裁委员会”仲裁解决，但名为“广东省仲裁委员会”的仲裁机构并不存在，且广东省内存在多家仲裁机构，故属仲裁机构约定不明确的情形。后因当事人之间就股权转让合同效力产生争议，无法就上述股权转让合同及补充合同中的仲裁条款达成补充协议。根据仲裁法第二十条之规定，上述合同中的仲裁条款应属无效。

深圳某石油公司答辩称：《股权变更合同》及《东莞东海石油产品仓储有限公司补充合同之一（股权变更合同书）》均约定争议纠纷方式是提交仲裁，系各方真实意思表示。根据《最高人民法院关于适用〈中华人民共和国仲裁法〉若干问题的解释》第六条规定，即便仲裁机构约定不明确，也应由双方协商补充确定仲裁机构，深圳某石油公司并未收到关于协议选择仲裁机构的意思表示，东莞某能源公司越过必要程序请求确认仲裁协议无效缺乏法律依据。

某扬公司辩称：《股权变更合同》与《东莞东海石油产品仓储有限公司补充合同之一（股权变更合同书）》系两份独立的合同，某扬公司并非《股权变更合同》的当事人，东莞某能源公司以深圳某石油公司、某扬公司为共同申请人提起本案诉讼，违反民事诉讼法第五十五条关于共同诉讼的规定。即便仲裁机构约定不明确，根据仲裁法第十八条之规定，当事人应先协商签订补充协议，只有无法达成补充协议，仲裁协议才无效。某扬公司至今未收到东莞某能源公司协商签订补充协议的通知。东莞某能源公司请求确认仲裁协议无效，违反了仲裁法第十八条的规定。

三、案件相关事实

东莞某能源公司原名“东莞市燃料工业总公司”，于2014年8月7日变更企业名称为“东莞市能源投资有限公司”，于2014年10月28日变更企业名称为现名。

1994年4月16日，东莞某能源公司（甲方）与深圳某石油公司（乙方）签订《股权变更合同》。该合同第八条争议的解决约定，因理解或执行本合同书而在甲方和乙方之间产生的争议，应首先予以协商解决，如协商未果，则本条所述之任何一方，可将争议事项提交广东省仲裁委员会仲裁解决。

1999年6月25日，东莞某能源公司（甲方）与某扬公司（乙方）、深圳某石油公司（丙方）签订《东莞东海石油产品仓储有限公司补充合同之一（股权变更合同书）》。该合同第三十条约定，因理解或执行本合同书而在甲、乙、丙三方之间产生的争议，应首先予以协商解决，如协商未果，则本条所述之任何一方，可将争议事项提交广东省仲裁委员会仲裁解决。在仲裁过程汇总，除各方有争议正在进行仲裁的部分外，本合同应继续履行。

四、东莞中院审查意见

东莞中院认为：依照仲裁法第十八条的规定，仲裁协议对仲裁事项或者仲裁委员会没有约定或者约定不明确的，当事人可以补充协议；达不成补充协议的，仲裁协议无效。《股权变更合同》《东莞东海石油产品仓储有限公司补充合同之一（股份变更合同书）》均约定将争议事项提交“广东省仲裁委员会”仲裁解决。两份仲裁协议中约定的“广东省仲裁委员会”并不存在，且广东省内有多家仲裁机构，发生纠纷后，各方当事人就仲裁机构亦达不成补充协议。故根据仲裁法第十八条之规定，两份仲裁协议无效。

五、我院审查意见

我院认为，《股权变更合同》《东莞东海石油产品仓储有限公司补充合同之一（股权变更合同书）》均约定，就争议协商未果的情况下，当事人可将争议事项提交“广东省仲裁委员会”仲裁解决。上述仲裁条款中当事人约定的“广东省仲裁委员会”并不存在，且当事人签署仲裁协议时广东省内已有多家仲裁机构存在，无法通过推定确定具体的仲裁机构，案涉仲裁协议属于对仲裁机构约定不明确的情形。根据仲裁法第十八条之规定，仲裁协议对仲裁事项或者仲裁委员会没有约定或者约定不明确的，当事人可以补充协议；达不成补充协议的，仲裁协议无效。案涉争议发生后，各方当事人也未能就选定解决争议的仲裁委员会达成补充协议，依照仲裁法第十八条的规定，应认定案涉仲裁协议无效。

以上意见当否，请批复。

（二）申请不予执行内地仲裁裁决案件

最高人民法院
关于深圳某担保公司申请执行仲裁裁决案请示的复函

2023年7月20日　　　　　　　　　　　　（2023）最高法民他41号

青海省高级人民法院：

你院（2023）青执他1号《关于报请审核申请执行人深圳某担保公司与被执行人郭某功仲裁裁决不予执行事项的报告》收悉。经研究，答复如下。

本案为当事人申请执行内地仲裁机构作出的非涉外涉港澳台仲裁裁决案件，应当适用民事诉讼法第二百四十四条的规定进行审查。

在司法实践中，人民法院对执行仲裁裁决是否构成违背社会公共利益一直采取较为严格的认定标准。通常认为只有执行裁决构成严重违反我国法律基本原则、侵犯我国国家主权、危害社会公共安全、违反善良风俗以及危及我国根本社会公共利益的情形，才能以违背社会公共利益为由不予执行仲裁裁决。本案中，被执行人通过网贷平台与出借人（案外人）签订借款合同，本质上是个人之间的借款关系，在被执行人逾期还款或违约后，申请执行人从出借人处受让案涉借款债权，并不涉及社会公共利益。案涉仲裁是针对每一个借款合同项下的具体纠纷解决，并非指向不特定多数人的利益，且裁决内容未违反我国法律、行政法规的强制性规定。因此，执行案涉仲裁裁决不足以认定构成违背社会公共利益。相反，对于双方自愿通过网贷平台达成的借款合同，如果裁定不予执行案涉仲裁裁决，反而可能导致借款人恶意违约，有违诚信原则。

综上所述，不同意你院以执行仲裁裁决违背社会公共利益为由，不予执行案涉仲裁裁决的请示意见。

此复

附：

青海省高级人民法院
关于报请审核申请执行人深圳某担保公司与被执行人郭某功仲裁裁决不予执行事项的报告

2023 年 4 月 26 日　　　　　　　　　　　　　（2023）青执他 1 号

最高人民法院：

青海省西宁市中级人民法院执行的申请执行人深圳某担保公司与被执行人郭某功借款合同纠纷一案，以裁决违背社会公共利益为由，拟裁定不予执行。青海省西宁市中级人民法院于 2023 年 3 月 20 日报送我院申请报核，经审查我院同意青海省西宁市中级人民法院的处理意见。现依照《最高人民法院关于仲裁司法审查案件报核问题的有关规定》第三条，请贵院予以审核批复。

一、基本情况

衢州仲裁委员会（2021）衢仲字第 1-8728 号仲裁裁决书发生法律效力后，深圳某担保公司以债务人郭某功逾期未履行仲裁裁决确定义务为由，向青海省西宁市中级人民法院（以下简称西宁中院）申请强制执行，该院 2023 年 1 月 6 日立案受理。后该院审查认为，申请执行人深圳某担保公司变相从事银行业金融机构的业务活动，损害了公共利益，拟裁定不予执行衢州仲裁委员会（2021）衢仲字第1-8728号裁决。依照《最高人民法院关于仲裁司法审查案件报核问题的有关规定》第二条第二款的规定，于2023年3月20日向本院申请报核。

西宁中院查明：被执行人郭某功通过上海某互联网金融信息服务有限公司运营的平台进行借款，被执行人借款逾期后，本案申请执行人深圳某担保公司按照其与上海某互联网金融信息服务有限公司签订的《合作协议》约定的内容，受让了上述逾期债权。

另查明，深圳某担保公司成立于2015年8月24日，经营范围及一般经营项目为“从事担保业务（不含融资性担保业务及其他限制项目）”。深圳某担保公司无从事存贷款等金融业务的许可和资质。深圳某担保公司受让的债权来自第三人上海某互联网金融信息服务有限公司，上海某互联网金融信息服务有限公司成立于2015年9月29日，经营范围及一般经营项目原为“接受金融机构委托从事金融知识流程外包、金融业务流程外包、金融信息技术外包，金融信息服务（除金融业务），云计算、网络技术、通讯技术、计算机技术领域内的技术开发、技术转让、技术咨询、技术服务，数据模型软件、计算机软硬件、自动化设备的开发、销售，自有设备租赁（除金融租赁），系统集成，数据处理服务，网络工程，网络运行维护，商务咨询，投资咨询；设计、制作、发布各类广告”。2022年1月28日，上海某互联网金融信息服务有限公司变更公司名称为上海五某信息技术有限公司，同时变更经营项目和经营范围为“信息技术咨询服务；信息咨询服务（不含许可类信息咨询服务）；技术服务、技术开发、技术咨询、技术交流、技术转让、技术推广”。上海某互联网金融信息服务有限公司在成立后一直未取得从事存贷款等金融业务的许可和资质。

西宁中院认为，上海某互联网金融信息服务有限公司通过运营的平台，向社会不特定对象发放贷款并收取本息。深圳某担保公司受让上海某互联网金融信息服务有限公司的债权，变相从事经营性信贷业务，超出了经营范围。我国对经营金融业务实施特许制度，银行业监督管理法第十九条规定："未经国务院银行业监督管理机构批准，任何单位或者个人不得设立银行业金融机构或者从事银行业金融机构的业务活动。"任何单位或者个人未经监管部门批准，以盈利为目的，从事吸收存款、发放贷款等金融业活动，会扰乱国家的金融管理秩序，损害社会公共利益，因此，对此类行为应当作出否定性的法律评价，并予以禁止。本案中，深圳某担保公司受让的债权来自上海某互联网金融信息服务有限公司，而上海某互联网金融信息服务有限公司未经国务院银行业监督管理机构批准，变相从事银行业金融机构的业务活动，且该行为具有反复性、经常性、营业性，实质上已经构成了对我国金融管理秩序的破坏，损害了社会公共利益。依照民事诉讼法第二百四十四条第三款、第五款规定，拟裁定如下：不予执行衢州仲裁委员会作出的（2021）衢仲字第1-8728号裁决书。

本院对西宁中院查明事实予以确认。另查明，2018年11月3日，甲方（出借人）张某生、乙方（借款人）郭某功、丙方（平台方）上海某互联网金融信息服务公司签订《借款协议》，约定甲方向乙方出借人民币8000元，年利率12%，借款期限12个月。同时约定"各方同意，经平台同意并审核通过，出借人可以通过平台将本协议项下的全部或部分债权转让给第三方"。2018年7月2日，上海某互联网金融信息服务有限公司与深圳某担保公司签订《合作协议》，约定：深圳某担保公司作为受让人，受让平台指定出借人所持有的逾期债权，在逾期债权满足转让条件时进行受让，并在受让债权后以深圳某担保公司名义向有管辖权的法院提起诉讼等方式为债权人追索债权。受让协议范围为：平台逾期借款人未按时清偿的借款本金、利息、各类服务费等一切应付款项。

之后，深圳某担保公司作为债权受让人，对于出借人张某生的债权申请仲裁，衢州仲裁委员会于2021年作出（2021）衢仲字第1-8728号裁决书，裁决郭某功向深圳某担保公司归还借款本金3786.49元，利息、贷后管理费、罚息及逾期违约金533.24元，承担仲裁服务费110元、案件受理费42元。

二、处理意见

本院组成合议庭审查认为，上海某互联网金融信息服务有限公司通过建立P2P平台向社会不特定对象发放贷款及收取本息。从形式上看，借款人是个人，但实际操控者为上海某互联网金融信息服务有限公司。该公司与深圳某担保公司签订《合作协议》，约定深圳某担保公司作为受让人，受让平台指定出借人所持有的逾期债权，在逾期债权满足转让条件时进行受让，并在受让债权后以深圳某担保公司名义向有管辖权的法院提起诉讼等方式为债权人追索债权。实际以受让债权的方式变相从事金融业务。该公司在没有取得金融业务实施特许的前提下采用受让债权的方式变相从事金融业务，并具有反复性、经常性、营业性的特点，构成了对金融秩序的损害，从而亦损害了社会管理秩序及社会公共利益，符合不予执行的法定条件。故同意西宁中院的不予执行意见。

依照《最高人民法院关于仲裁司法审查案件报核问题的有关规定》第三条规定，报请贵院审核。

最高人民法院
关于许某申请执行某煤矿公司一案请示的复函

2023年7月20日　　　　　　　　　　（2023）最高法民他9号

云南省高级人民法院：

你院（2022）云执他6号《关于拟同意昭通市中级人民法院不予执行荆门仲裁委员会荆裁（2022）70号仲裁裁决的报告》收悉。经研究，答复如下。

本案涉及国内仲裁裁决的执行问题。第一，《最高人民法院关于审理劳动争议案件适用法律问题的解释（一）》第十五条从减少劳动者诉累，及时有效保护其合法权益的考虑出发，明确规定："劳动者以用人单位的工资欠条为证据直接提起诉讼，诉讼请求不涉及劳动关系其他争议的，视为拖欠劳动报酬争议，人民法院按照普通民事纠纷受理。"上述规定并未改变拖欠劳动报酬争议系劳动争议案件的性质，亦不应据此认为商事仲裁机构可受理该类劳动争议案件。

第二，本案中许某系以劳动争议为由提出仲裁申请。荆门仲裁委员会在自行认定许某与某煤矿公司构成劳动关系的情况下，错误适用上述司法解释，认为其对该案具有管辖权，违反了《中华人民共和国仲裁法》第七十七条有关商事仲裁所涉争议事项可仲裁性之规定。故同意你院有关不予执行案涉仲裁裁决的意见。

此复

附：

云南省高级人民法院
关于拟同意昭通市中级人民法院不予执行荆门仲裁委员会荆裁（2022）70号仲裁裁决的报告

2022年11月28日　　　　　　　　　　（2022）云执他6号

最高人民法院：

云南省昭通市中级人民法院（以下简称昭通中院）受理的许某申请执行某煤矿公司一案，荆门仲裁委员会作出（2022）70号仲裁裁决。2022年6月20日，昭通中院以本案违背社会公共利益为由拟对该案裁定不予执行，向本院报核，本院经审查拟同意昭通中院不予执行上述仲裁裁决的意见，依据《最高人民法院关于仲裁司法审查案件报核问题的有关规定》第三条的规定，特向你院报核。具体情况报告如下。

一、当事人基本情况

申请执行人：许某，男，汉族，1970年出生，住湖北省荆门市东宝区。

被执行人：某煤矿公司。住所地：云南省昭通市镇雄县干沟乡。

法定代表人：许某元，该公司执行董事。

二、昭通中院审查情况

昭通中院受理许某依据荆裁（2022）70号裁决书申请执行某煤矿公司工资欠款纠纷一案，荆门仲裁委员会于2022年1月18日作出的荆裁（2022）70号裁决书的主要内容为：被申请人某煤矿公司于收到本裁决书之日起三日内支付申请人许某劳动报酬360万元。许某依据仲裁裁决向昭通中院申请执行。

昭通中院受理后，经审查认为：申请执行人许某与被执行人某煤矿公司之间是拖欠工资报酬，属于劳动争议纠纷，荆门仲裁委员会无权仲裁，建议不予执行荆裁（2022）70号仲裁裁决。理由是荆门仲裁委员会荆裁（2022）70号裁决书明显存在以下两点错误：（1）所采用的证据即《工资欠款支付协议》中的仲裁协议无效。本案属于劳动争议纠纷，当事人将劳动争议约定由商事仲裁委员会仲裁，属于约定的该项内容无效；（2）适用法律错误、无权仲裁本案。荆裁（2022）70号裁决书强行引用《最高人民法院关于审理劳动争议案件适用法律问题的解释（一）》第十五条“劳动者以用人单位的工资欠条为证据直接起诉，诉讼请求不涉及劳动关系其他争议的，视为拖欠劳动报酬争议，人民法院按照普通民事纠纷受理”的规定，以阐述荆门仲裁委员会对本案劳动争议纠纷享有管辖权，但从该法律条文表述内容看此类情况的劳动报酬争议当事人可以直接向人民法院起诉，人民法院按照普通民事纠纷享有管辖权，并没有表述此类情况的劳动报酬争议当事人可以提交商事仲裁。

此外，昭通中院经合议庭讨论后报审判委员会讨论，在向审判委员会汇报中，还有如下案件事实：本案的被执行人某煤矿公司的法定代表人为许某元，本案的申请执行人许某是该公司的大股东，占股75%。双方签订的《工资欠款支付协议》是在湖北省荆门市签订的，许某向昭通中院申请执行，被执行人不会向法院提出不予执行的申请。被执行人某煤矿公司在昭通中院尚有其他三件未执行完毕的案件，欠款总计约1.6亿元。目前，镇雄县荣兴煤矿有限公司已被关闭，相关煤矿关闭奖补资金3000万元正由政府相关部门兑现中。

三、我院审核情况

（一）本案存在违背社会公公利益的情况，应不予执行

许某与某煤矿公司之间为劳动关系，产生争议后，应先由劳动仲裁

委员会作出裁决，双方对仲裁裁决不服的可以向人民法院起诉。依据《最高人民法院关于审理劳动争议案件适用法律问题的解释（一）》第十五条，对于劳动关系没有争议的，依据工资欠条也可以直接向法院起诉。但是本案中，许某依据欠薪协议直接向荆门仲裁委员会申请仲裁，而荆门仲裁委员会为普通商事仲裁委员会，对于该类案件是否有管辖权目前法律、司法解释均无明确规定。我院认为，劳动仲裁委员会是政府下设的专门处理劳动争议的机构，我国将普通仲裁和劳动仲裁进行区分，是因为二者依据完全不同的制度设计、系不同的审查主体。对劳动关系案件专门由劳动仲裁委员会进行审查，是法定的程序。许某主张其劳动报酬既可以向法院起诉，也可以经劳动仲裁后申请执行。但在法律没有明确规定的情况下，当劳动关系所产生的欠薪问题转化为普通债权时，普通民商事仲裁委不能直接援引上述法律规定而获得管辖权，这无疑是对我国司法制度和规定的破坏。从这个角度讲，如果法院继续对本案进行执行，破坏的是法律规定和国家的制度设计，即损害了社会不特定多数人的利益，属于违背社会公共利益的情形，符合民事诉讼法第二百八十一第二款的规定，应裁定不予执行。

（二）本案无当事人申请不予执行，但存在虚假仲裁

本案中，申请执行人许某为被执行人某煤矿公司的原法定代表人，现在依然是工商登记中的大股东（持有 75%股权），对公司有绝对支配地位。申请执行人许某主张自其担任法定代表人以来，十二年未领取工资，共计 360 万元。经进一步调查，虽然薪资欠付有股东会决议、公司章程予以证明，但许某作为具有支配地位的法定代表人，十二年未领取工资与常理不符，某县人力资源与社会保障部门因该笔欠薪金额太大，也未对此予以认定。现被执行人某煤矿公司在昭通还有其他案件未予以执行到位，如本案进入执行，势必会稀释其他案件的执行到位金额。

（三）申请认可和执行港澳仲裁裁决案件

最高人民法院

关于某特国际有限公司申请认可和执行香港特别行政区仲裁裁决一案的复函

2023年6月2日　　　　（2021）最高法民他254号

广东省高级人民法院：

你院《关于申请人某特国际公司申请认可和执行香港特别行政区仲裁裁决一案的请示》收悉。根据你院请示所述事实，经研究，答复如下。

《最高人民法院关于内地与香港特别行政区相互执行仲裁裁决的安排》第一条规定，在内地或者香港特区作出的仲裁裁决，一方当事人不履行仲裁裁决的，另一方当事人可以向被申请人住所地或者财产所在地的有关法院申请执行。某特国际有限公司（以下简称某特国际公司）主张其通过与某柏投资有限公司（以下简称某柏公司）签署《应收款转让和抵销协议》受让了某投资公司对深圳市某达科技公司享有的合同权利及申请认可和执行胜诉裁决的权利，并以某特国际公司名义向深圳市中级人民法院申请认可和执行案涉仲裁裁决。

第一，本案系区际司法协助案件，涉及对香港特别行政区仲裁裁决的认可和执行，而非国内仲裁裁决的认可和执行，不能直接参照适用《最高人民法院关于民事执行中变更、追加当事人若干问题的规定》第九条的有关规定。第二，本案申请人某特国际公司不是案涉香港国际仲裁中心所作仲裁裁决当事人，某特国际公司提交的其与某柏公司签署的

《应收款转让和抵销协议》明确约定，该协议的有效性、解释和执行均受英格兰和威尔士法律管辖，并由英格兰和威尔士法院排他性管辖。《应收款转让和抵销协议》系在案涉仲裁裁决作出前签署。因此，尚无证据表明某特国际公司是案涉仲裁裁决项下债权的合法受让人。

综上所述，某特国际公司并非申请认可和执行案涉香港仲裁裁决的适格主体，同意你院驳回某特国际公司申请的处理意见。

此复

附：

广东省高级人民法院
关于申请人某特国际有限公司申请认可和执行香港特别行政区仲裁裁决一案的请示

2020 年 12 月 15 日　　　　　　　　（2020）粤民他 119 号

最高人民法院：

关于申请人拉尼特国际有限公司（以下简称某特国际公司）申请认可和执行香港特别行政区仲裁裁决一案，广东省深圳市中级人民法院（以下简称深圳中院）拟裁定驳回申请人某特国际公司的申请，报请我院审查。我院经审查，拟同意深圳中院的处理意见。因当事人某特国际公司系英属维尔京群岛注册企业，依照《最高人民法院关于仲裁司法审查案件报核问题的有关规定》（法释〔2017〕21 号）第三条第一项的规定，向钧院请示。

一、当事人的基本情况

申请人：某特国际公司。住所地：英属维尔京群岛托多拉市路德镇域咸区。

代表人：Maria Yiangou，该公司董事。

被申请人：深圳市某达科技有限公司。住所地：中华人民共和国广东省深圳市南山区。

法定代表人：邹某丽，该公司总经理。

二、申请认可与执行仲裁裁决的理由及答辩意见

某特国际公司申请称：2014 年 11 月 17 日，深圳市某达科技有限公司（以下简称某达公司）和某柏投资有限公司（以下简称某柏公司）签订了出售一批手机给某柏公司的合同，某柏公司依据约定支付了采购预付款。由于该批手机的最终目的地是俄罗斯，某柏公司作为英属维尔京群岛注册成立的公司，不能直接以自己名义将手机进口到俄罗斯，因此，双方同意由某柏公司的俄罗斯母公司重新与某达公司签署了一份合同条款类似的新合同，该俄罗斯母公司也重新支付了某达公司手机采购的款项。而对于某柏公司先前支付给某达公司的手机预付款，某达公司曾在电子邮件中确认应退还。后由于某达公司一直没有退还，某柏公司根据合同约定的仲裁条款在香港国际仲裁中心对某达公司提起了仲裁，香港国际仲裁中心于 2018 年 3 月 12 日作出了有利于某柏公司的裁决（以下简称案涉香港仲裁裁决）。2018 年 2 月 12 日，某柏公司和某特国际公司签署了《应收款转让和抵销协议》，根据该协议，某特国际公司取得了某柏公司上述 2014 年 11 月 17 日签订的合同下的针对某达公司享有的所有未偿付归还的上述预付款债权及利息，以及针对某达公司提起仲裁并获得胜诉裁决后，某特国际公司有权以自己名义向中华人民共和国任何管辖法院申请认可和执行案涉香港仲裁裁决的所有权利。某柏公司已于 2018 年 2 月 26 日解散，某特国际公司作为某柏公司对某达公司享有债权的受让人，依据双方签署的《应收款转让和抵销协议》，有权独立以自己名义提出本申请。某特国际公司称因某达公司住所地在中华人民共和国广东省深圳市，其财产所在地也应在该市，其未向其他法院申请过认可和执

行案涉香港仲裁裁决。

现某特国际公司申请认可和执行案涉香港仲裁裁决：（1）某达公司支付 80638.59 美元及从 2015 年 4 月 3 日起算的年利率 8%的利息，直至付清之日；（2）某达公司支付 237543.40 港元以及从 2018 年 3 月 12 日起算的年利率 8%的利息，直至付清之日（以上外币本金根据现某特国际公司申请书日期的汇率折算为人民币，相应利息暂计算至申请书日期，共计人民币 1003115.63 元。）。

某达公司答辩称：其没有收到任何仲裁庭的传唤或者通知，所有的仲裁材料均没有收到。其不知道某柏公司也不知道某特国际公司，亦从来没有联系过。其不清楚某柏公司为何会起诉，也没有跟某柏公司有过面对面的沟通，所有事项均不知情。

三、案件相关事实

某柏公司系英属维尔京群岛注册成立的公司，2016 年 12 月 16 日，某柏公司根据香港《仲裁条例》以及某达公司和某柏公司 2014 年 11 月 17 日签订的编号为第 01/2014 的合同（合同约定争议解决方式为提交香港仲裁庭裁决）对某达公司提起仲裁。2018 年 2 月 7 日，某柏公司告知独任仲裁员，没有必要举行开庭审理，该案应根据所提交的文件进行裁决。2018 年 2 月 9 日，独任仲裁员通知各方本案将不会进行开庭审理。仲裁期间，相关仲裁通知、信函等材料均由某柏公司通过电子邮件或快递送达某达公司，某达公司未提交任何意见。香港国际仲裁中心于 2018 年 3 月 12 日作出案涉仲裁裁决：（1）某达公司应自 2015 年 4 月 3 日起，向某柏公司支付 80638.59 美元及其利息，年利率为 8%，直至全部款项支付完毕；（2）某达公司应赔偿某柏公司的其他费用，金额为 237543.40 港元及其利息，自该裁决作出之日起直至全部款项付清止期间按每年 8%的利率支付利息。另查，根据英属维尔京群岛公司事务注册处证明，某柏公司于 2018 年 2 月 26 日解散。

某特国际公司系英属维尔京群岛注册成立的公司，某特国际公司与某柏公司于 2018 年 2 月 12 日签署了《应收款转让和抵销协议》，该协议约定，某柏公司转让给某特国际公司日期为 2014 年 11 月 17 日的编号为第 01/2014 的合同下未偿付款项 80638.59 美元及其年利率 8%的利息，从 2015 年 4 月 3 日起计算到全部付清为止。某特国际公司承诺向转让方支付 80638.59 美元对价。关于仲裁，某柏公司转让给某特国际公司全部权利，以便某特国际公司以自己的名义，向中华人民共和国任何管辖法院申请认可和执行香港国际仲裁中心作出的裁决；关于适用法律，双方约定该协议的有效性、解释和执行应受英格兰和威尔士法律管辖；双方还约定了陈述和保证、赔偿、通知、更改、放弃和累积救济、转让等条款。现某特国际公司申请认可和执行案涉香港仲裁裁决。

四、深圳中院拟处理意见

深圳中院认为，《最高人民法院关于内地与香港特别行政区相互执行仲裁裁决的安排》第一条规定，在内地或者香港特区作出的仲裁裁决，一方当事人不履行仲裁裁决的，另一方当事人可以向被申请人住所地或者财产所在地的有关法院申请执行。因被申请人某达公司住所地在深圳市，该院具有管辖权。申请认可和执行香港特别行政区仲裁裁决是指当事人可以向内地法院申请认可和执行在香港特别行政区作出的仲裁裁决。本案申请人某特国际公司不是案涉香港仲裁裁决当事人，其并非申请认可和执行案涉香港仲裁裁决的适格主体，其申请应予以驳回。

关于某特国际公司称基于其与某柏公司于签署的《应收款转让和抵销协议》，其有权主张 2014 年 11 月 17 日合同项下针对某达公司享有的债权及以自己名义向中华人民共和国任何管辖法院申请认可和执行案涉香港仲裁裁决，深圳中院认为：人民法院依照《最高人民法院关于内地与香港特别行政区相互执行仲裁裁决的安排》的规定对申请认可和执行香港仲裁裁决的案件进行审查属我国区际民商事司法协助事项，与对某特国际公司与某柏公司之间签署的《应收款转让和抵销协议》是否生效以及某特国际公司能否基于该协议主张债权的审查，并非同一范畴，不予审查。

综上所述，依照《最高人民法院关于内地与香港特别行政区相互执行仲裁裁决的安排》第一条、民事诉讼法（2018 年修正）第一百五十四条第一款第十一项之规定，拟裁定驳回申请人某特国际公司的申请。

五、我院的审查意见

我院经审查认为，本案是申请认可和执行香港仲裁裁决案件。某特国际公司并非其申请认可与执行的香港国际仲裁中心作出的仲裁裁决的当事人，不属于《最高人民法院关于内地与香港特别行政区相互执行仲裁裁决的安排》第一条规定的当事人可以向内地法院申请认可和执行在香港特别行政区作出的仲裁裁决的情形。某特国际公司与某柏公司之间的转让协议是否生效、某特国际公司能否基于上述转让协议主张债权，属于相关当事人之间的实体权利义务内容的确定，超出了认可与执行仲裁裁决程序的审查范围，不应在本案中审查。

综上所述，我院拟同意深圳中院裁定驳回申请人某特国际公司申请的处理意见。

以上意见当否，请批复。

（四）申请承认和执行外国仲裁裁决案件

最高人民法院

关于某传媒公司申请承认和执行白俄罗斯工商会国际仲裁院仲裁裁决一案的复函

2023年6月26日　　　　（2023）最高法民他8号

山东省高级人民法院：

你院（2022）鲁民他47号《关于申请人某传媒公司申请承认和执行外国仲裁裁决一案的请示》收悉。根据你院请示所述事实，经研究，答复如下。

申请人某传媒公司向山东省济南市中级人民法院（以下简称济南中院）申请承认和执行白俄罗斯工商会国际仲裁院1955\65-20号仲裁裁决。被申请人济南某激光科技股份有限公司（以下简称济南某科技公司）依据《承认及执行外国仲裁裁决公约》（以下简称《纽约公约》）第五条第一款（乙）项主张应不予承认和执行该仲裁裁决。

第一，关于仲裁相关材料的送达是否有效的问题。《白俄罗斯工商会国际仲裁院规程》第20条规定："申请书、答辩书、通知书、裁决书等仲裁院关于案件所作的决定，应以回执挂号信邮寄或者凭收据向收件人送交。邮寄到收件人常住地、企业住所或邮政地址，则被视为已接收，除非双方另有约定。"你院请示报告中查明了白俄罗斯工商会国际仲裁院于2021年1月5日通过国际快递向案涉《外贸采购合同》中约定的济南某科技公司的法定地址邮寄送达开庭通知，该邮件于同月19日被签收，还查明了该仲裁院于 2021 年 5 月 15 日通过挂号信将仲裁裁决发送给济南某科技公司。关于仲裁规则、仲裁员推荐名单及申请人索赔声明等材料的送达，即特别快信 RR270749944BY 是否已送交济南某科技公司的问题，在本院办理过程中，要求你院进行补查，补查后济南中院收到了当事人提交的新的证据材料，拟证明前述快信于 2020 年 9 月 18 日在济南成功投递至济南某科技公司的法定地址。该事实是否存在，请示法院可作进一步核实。但根据请示所载明事实，济南某科技公司已经收到了白俄罗斯工商会国际仲裁院邮寄的开庭通知，仲裁庭对仲裁相关材料的送达方式不违反当事人约定及仲裁规则的规定。

第二，关于仲裁庭确定的开庭时间是否合理的问题。《白俄罗斯工商会国际仲裁院规程》第 26 条规定："在收到国际仲裁庭发来的诉讼书、反诉书和附带文件后，仲裁庭应当准备对案件进行审理，此后指定案件审理时间和地点。"同时，也可以考虑双方的意愿。双方应当提前告知纠纷审理的时间和地点。白俄罗斯工商会国际仲裁院主席于 2020 年 10 月 18 日作出决定启动仲裁程序。仲裁庭决定在白俄罗斯工商会国际仲裁院现场开庭，时间为 2021 年 1 月 25 日，并向济南某科技公司邮寄送达了开庭通知。济南某科技公司主张，即便认定其收到了仲裁庭开庭通知，仲裁庭确定的开庭时间也不合理。根据白俄罗斯疫情防控的实际情况，虽然该主张具有合理性，但没有证据证明济南某科技公司曾与仲裁庭联系或试图联系以表达对于开庭时间、地点的异议。在仲裁庭已经提前通知济南某科技公司，而济南某科技公司有合理时间向仲裁庭提出异议而未提异议的情况下，应认定济南某科技公司缺席开庭系怠于行使权利。

综上所述，在济南某科技公司没有提交充分证据的情况下，其关于应以《纽约公约》第五条第一款（乙）项为由不予承认和执行白俄罗斯工商会国际仲裁院 1955 \ 65-20 号仲裁裁决的主张，依据不足。

此复

附：

山东省高级人民法院
关于申请人某传媒公司申请承认和执行外国仲裁裁决一案的请示

2022 年 12 月 20 日　　　　　　　　　　（2022）鲁民他 47 号

最高人民法院：

申请人某传媒公司与被申请人济南某激光科技股份有限公司（以下简称济南某科技公司）申请承认和执行外国仲裁裁决一案，山东省济南市中级人民法院（以下简称济南中院）经审查，拟不予承认和执行白俄罗斯工商会国际仲裁院于 2021 年 5 月 12 日作出的 1955＼65-20 号案件的仲裁裁决。我院已审查完毕。根据《最高人民法院关于仲裁司法审查案件报核问题的有关规定》第二条第一款的规定，将该案情况报请如下。

一、申请人和被申请人的基本情况

申请人：某传媒公司，住所地白俄罗斯共和国维捷布斯克市契卡洛夫街。

代表人：巴济列夫斯基．阿列克谢．亚历山德罗维奇，总经理。

委托诉讼代理人：徐某，上海海朋律师事务所律师。

被申请人：济南某科技公司，住所地中华人民共和国山东省济南高新区。

法定代表人：李某西，董事长。

委托诉讼代理人：仲某维，山东和翔律师事务所律师。

委托诉讼代理人：张某敏，山东和翔律师事务所律师。

二、申请人请求事项及被申请人的抗辩理由

申请人某传媒公司称，某传媒公司于2020年4月21日与济南某科技公司签订了《医用兽医用设备的买卖合同》，以人民币70万元的价格购买全自动技术医用口罩生产线。某传媒公司依据合同约定，向白俄罗斯工商会国际仲裁院提起仲裁，维护自身权利。现某传媒公司已取得生效的仲裁裁决，要求济南某科技公司分别支付人民币70万元、5505.01白俄罗斯卢布以及3901.33欧元。因某传媒公司的所在国白俄罗斯共和国与济南某科技公司的所在国中华人民共和国均为《承认及执行外国仲裁裁决公约》的缔约国，故申请请求承认和执行白俄罗斯工商会国际仲裁院于2021年5月12日作出的1955\65-20号案件的仲裁裁决。

被申请人济南某科技公司辩称，白俄罗斯工商会国际仲裁院的仲裁程序与其仲裁规程不符，违反了《承认及执行外国仲裁裁决公约》第五条第一款（丁）项之规定，应当裁定不予承认和执行。第一，通过查阅国际及国内各仲裁机构的通行规则，仲裁庭应当在开庭前将仲裁受理通知书、仲裁规则、仲裁员名册、某传媒公司提交的仲裁申请书和证据、开庭通知书、仲裁裁决等文书和材料，按程序、分阶段邮寄给济南某科技公司，确保仲裁程序上的合法与公平，但本案中仲裁庭并未向济南某科技公司邮寄以上文书，其程序显然与国际仲裁的通行规则不符。第二，仲裁庭的仲裁裁决内容违反了《联合国国际货物销售合同公约》的规定，双方签订的《外贸采购合同》第一条第三款约定，出现争议时，双方适用《联合国国际货物销售合同公约》，该公约第84条规定“卖方归还价款时，买方应当说明他所得到的一切利益或返还货物”。仲裁庭的裁决为济南某科技公司赔偿某传媒公司设备金额人民币70万元，仲裁庭并没有按照双方约定的适用法律，要求某传媒公司说明其从货物中所得到的一切利益或裁决返还货物，其仲裁行为显然与仲裁规则不符，与双方约定适用的《联合国国际货物销售合同公约》不符。第三，仲裁庭未给予济南某科技公司适当通知，导致济南某科技公司未能陈述意见，违反了

《承认及执行外国仲裁裁决公约》第五条第一款（乙）项之规定。（1）仲裁庭未将仲裁受理通知书、仲裁规则、仲裁员名册、某传媒公司提交的仲裁申请书和证据邮寄给济南某科技公司，仲裁庭剥夺了济南某科技公司指定仲裁员和进行答辩的权利。仲裁庭在对案涉合同约定设备进行鉴定时，并未通知济南某科技公司。（2）仲裁庭寄送的开庭通知书送达地址为 NO. 8 West Lingang Road Jinan（济南市临港西路 8 号），签收人为赵某敏，而济南某科技公司的经营场所为济南市临港北路 6333 号，双方签订的《外贸采购合同》第一页第一段载明，以董事李某西为济南某科技公司代表，该仲裁通知书送达地址并不正确，也未邮寄给合同载明的董事李某西，导致济南某科技公司未能收到开庭通知。（3）即使真如某传媒公司所称，开庭通知书的送达时间为 2021 年 1 月 19 日，开庭时间为 2021 年 1 月 25 日，鉴于中国及白俄罗斯疫情防控的整体要求，济南某科技公司出庭应诉也不具有现实性，经查询，中国领事服务网关于白俄罗斯的入境居留政策第七条关于疫情期间特别提示的第一款载明，从列入新冠病毒感染国家清单的国家来白俄罗斯的外国公民，入境白俄罗斯后，需进行为期十天的自我隔离。仲裁庭送达传票的日期为 2021 年 1 月 19 日下午，当时中国受疫情影响，严格限制护照办理手续，国际航班不定时停飞，即使有航班，济南某科技公司到达之后也要按照上述政策要求进行十天的自我隔离，不能参加仲裁，故仲裁庭剥夺了济南某科技公司陈述意见的权利。综上所述，某传媒公司申请承认和执行外国仲裁裁决的请求不能成立，请求法院依法裁定驳回。

三、本院查明的相关案件事实

（一）双方合同约定情况

2020 年 4 月 21 日，某传媒公司与济南某科技公司签订《外贸采购合同》一份，该合同约定：某传媒公司订购济南某科技公司提供的药品设备或兽药设备，具体数量、配置和价格按照订购规范的规定执行，本合同受白俄罗斯共和国现行适用法律管辖，出现任何不受本合同约束的争议时双方将根据《联合国国际货物销售合同公约》的一般规定处理。上述合同第12.2条约定："买卖双方将采取一切可能，通过协商解决因本合同或与本合同有关的一切争议和分歧，如果双方没有达成协议，争议和分歧将由白俄罗斯工商会提交给国际仲裁院，并由独任仲裁员根据其规定解决，并根据白俄罗斯法律规则进行裁决。仲裁语言为俄语。"

（二）被申请人住所及联系信息

《外贸采购合同》约定济南某科技公司的法定地址为中华人民共和国山东省济南市临港西路8号；济南某科技公司现工商登记地址为中华人民共和国山东省济南高新区飞跃大道2016号，登记的经营场所为中华人民共和国山东省济南市遥墙街道临港北路6333号。

（三）关于本案仲裁裁决的有关情况

合同履行过程中，因某传媒公司认为济南某科技公司供应设备存在质量问题，根据《外贸采购合同》约定的纠纷解决方式向白俄罗斯工商会国际仲裁院申请仲裁。2021年1月25日白俄罗斯工商会国际仲裁院对该案进行开庭仲裁，2021年5月12日白俄罗斯工商会国际仲裁院作出1955\65-20号案件的仲裁裁决，裁决：济南某科技公司赔偿某传媒公司设备金额人民币70万元，其他支出5505.01白俄罗斯卢布，以及支付仲裁费用3901.33欧元。

（四）关于案涉仲裁的送达过程及《白俄罗斯工商会国际仲裁院规程》的相关规定

1. 关于仲裁开庭通知的送达

根据某传媒公司提交的证据，白俄罗斯工商会国际仲裁院于2021年1月5日通过国际快递向案涉《外贸采购合同》中约定的济南某科技公司的法定地址即中华人民共和国山东省济南市临港西路8号邮寄送达开庭通知，上述邮件于2021年1月19日被签收，上述邮件载明的邮寄文件内容为1955\65-20号案件庭审通知，未显示邮寄申请书副本、《白俄罗斯工商会国际仲裁院规程》等其他相关仲裁材料。截至本案审查期间，某传媒公司提供的证据不能证明除上述送达内容外，白俄罗斯工商会国际仲裁院曾向济南某科技公司依照《白俄罗斯工商会国际仲裁院规程》送达其他仲裁材料的事实。

2. 关于1955\65-20号案件仲裁裁决的送达

某传媒公司提交由白俄罗斯工商会国际仲裁院院长Ya. I. Funk出具的证明载明：我在此证明，在审议N0. 1955\65-20号仲裁案件裁决济南某科技公司向某传媒公司支付70万元人民币，包括设备金额、费用5505.01白俄罗斯卢布，以及支付3901.33欧元，适用《白俄罗斯工商会国际仲裁院规程》，其发布于IAC. BY网址。我在此证明，白俄罗斯工商会国际仲裁院于2021年5月12日对本案作出的裁决已于2021年5月15日通过挂号信发送给济南某科技公司（附白俄罗斯工商会国际仲裁庭院长认证的邮寄收据副本）。某传媒公司提交的挂号信显示，该挂号信于2021年5月15日寄出。

3. 《白俄罗斯工商会国际仲裁院规程》的相关规定

《白俄罗斯工商会国际仲裁院规程》第6条规定，如果各方商定由一名独任仲裁员解决纠纷，那么双方应指定由他们通过相互协商选定的具体人作为主要和候补仲裁员。如果在被诉方收到起诉书副本后三十日内未能就主要和候补独任仲裁员达成一致，主要和候补仲裁员可由国际仲裁庭主席来指定。第23条规定：（1）在国际仲裁庭收到符合要求的诉讼书和支付仲裁费之日起启动案件的审理。（2）国际仲裁庭主席可以决定启动案件并在一周内将其通知双方。同时应向被诉方发送诉讼书副本、附带相关文件，以及本规程和推荐的仲裁员名单。第24条规定，被诉方应在收到诉讼书和附带文件三十日内制定并向国际仲裁庭发送应诉书（在不采用简化程序审理白俄罗斯共和国主体间纠纷时该期限十五日）。

四、济南中院审查意见及理由

济南中院认为，本案所涉及的仲裁裁决系在白俄罗斯共和国作出，白俄罗斯共和国与我国同为《承认及执行外国仲裁裁决公约》成员国，故本案属于承认和执行外国仲裁裁决案件。对于应否承认和执行案涉仲裁裁决的审查标准，应适用《中华人民共和国民事诉讼法》和《承认及执行外国仲裁裁决公约》的相关规定。

本案仲裁裁决于 2021 年 5 月 12 日作出，裁决济南某科技公司应立即向某传媒公司赔偿款项及费用。某传媒公司于 2022 年 2 月 25 日向济南中院提出申请，未超过《中华人民共和国民事诉讼法》（2021 年修正，下同）第二百四十六条关于申请执行期限的规定。根据《承认及执行外国仲裁裁决公约》第四条规定，为了获得承认和执行，申请承认和执行裁决的当事人应该在申请时提供：（甲）经正式认证的裁决正本或经正式核对的副本；（乙）协议正本或经正式核对的副本。如果上述裁决或协议不是用需承认和执行裁决国的官方语言作成，申请承认和执行裁决的当事人应该提交这些文件的此所在国译文。在济南中院审查期间某传媒公司已提交仲裁裁决书及协议经公证认证的副本及中文翻译，其申请在文件的提交方面符合《承认及执行外国仲裁裁决公约》第四条的规定。

《承认及执行外国仲裁裁决公约》第五条第一款第（乙）项规定，“裁决唯有于受裁决援用之一造向声请承认及执行地之主管机关提具证据证明有下列情形之一时，始得依该造之请求，拒予承认及执行：……（乙）受裁决援用之一造未接获关于指派仲裁员或仲裁程序之适当通知，或因他故，致未能申辩者。”本案中，根据某传媒公司所提供的证据，白俄罗斯工商会国际仲裁院于 2021 年 1 月 5 日通过国际快递向济南某科技公司邮寄了开庭通知，上述通知于 2021 年 1 月 19 日被签收，某传媒公司在本案中提交的证据并不能证明白俄罗斯工商会国际仲裁院已经向济南某科技公司妥投了除开庭通知以外的如诉讼书副本附带相关文件、《白俄罗斯工商会国际仲裁院规程》和推荐的仲裁员名单等相关材料，保障了济南某科技公司关于选任仲裁员、进行答辩、提出反请求等相关权益，且2021年1月25日白俄罗斯工商会国际仲裁院对该案进行开庭仲裁之日距离济南某科技公司收到上述开庭通知之日，仅相距六天，即不满足《白俄罗斯工商会国际仲裁院规程》第六条规定在三十日内由双方协商选定仲裁员的时间条件，亦不符合上述规则第二十四条规定的被诉方在收到诉讼书和附带文件三十日制定并向国际仲裁庭发送应诉书的时间条件，故案涉仲裁裁决符合《承认及执行外国仲裁裁决公约》第五条第一款第（乙）项规定的“未接获关于指派仲裁员或仲裁程序之适当通知，或因他故，致未能申辩者”的情形，不应予以承认与执行。综上所述，依照《中华人民共和国民事诉讼法》第二百四十六条、第二百九十条、《最高人民法院关于适用〈中华人民共和国民事诉讼法〉的解释》第五百四十三条、第五百四十五条、第五百四十六条，《承认及执行外国仲裁裁决公约》第五条第一款第（乙）项的规定，拟裁定：不予承认和执行白俄罗斯工商会国际仲裁院于2021年5月12日作出的1955\65-20号案件的仲裁裁决。案件申请费人民币500元，由申请人某传媒公司负担。

五、我院审查意见和理由

某传媒公司住所地所在国为白俄罗斯，济南某科技公司住所地所在国为我国。我国与白俄罗斯均为《承认及执行外国仲裁裁决公约》成员国。本案系承认和执行外国仲裁裁决案件，应依据《承认及执行外国仲裁裁决公约》的规定予以审查。

《承认及执行外国仲裁裁决公约》第五条第一款第（乙）项规定：“裁决唯有于受裁决援用之一造向声请承认及执行地之主管机关提具证据证明有下列情形之一时，始得依该造之请求，拒予承认及执行：……（乙）受裁决援用之一造未接获关于指派仲裁员或仲裁程序之适当通知，或因他故，致未能申辩者。”即仲裁被申请人是否未被给予指定仲裁员或进行仲裁程序的适当通知。仲裁程序中的送达应依照当事人约定或约定适用的仲裁规则确定是否构成适当通知。双方在合同中约定由独任仲裁员裁决，而《白俄罗斯工商会国际仲裁院规程》第六条规定：“如果各方商定由一名独任仲裁员解决纠纷，那么双方应指定由他们通过相互协商选定的具体人作为主要和候补仲裁员。如果在被诉方收到起诉书副本后三十日内未能就主要和候补独任仲裁员达成一致，主要和候补仲裁员可由国际仲裁庭主席来指定。”从现有证据来看，白俄罗斯工商会国际仲裁院于 2021 年 1 月 5 日通过国际快递向济南某科技公司邮寄了开庭通知，上述通知于 2021 年 1 月 19 日被签收，某传媒公司在本案中提交的证据并不能证明白俄罗斯工商会国际仲裁院已经向济南某科技公司妥投了除开庭通知以外的如起诉书副本、《白俄罗斯工商会国际仲裁院规程》和推荐的仲裁员名单等相关材料，从而保障济南某科技公司关于选任仲裁员、进行答辩、提出反请求等相关权益。且白俄罗斯工商会国际仲裁院于 2021 年 1 月 25 日开庭，此日期距济南某科技公司收到开庭通知之日仅相距六天，不满足规程第 6 条规定在 30 日内由双方协商选定仲裁院的时间条件，构成《承认及执行外国仲裁裁决公约》第五条第一款第（乙）项规定的不予承认和执行仲裁裁决的情形。

本院拟同意济南中院的处理意见，特向钧院请示，请予批复。

（五）申请承认和执行外国民商事判决案件

最高人民法院

关于上海某株式会社申请承认和执行日本民事再生程序请示案的复函

2023年6月27日　　（2023）最高法民他3号

上海市高级人民法院：

你院《关于上海某株式会社申请承认与执行日本民事再生程序一案的请示》[（2022）沪民他24号]收悉。经研究，答复如下。

本案为当事人申请承认和执行日本法院破产程序裁定。我国与日本没有缔结或者参加关于外国法院判决承认和执行的国际条约，根据《中华人民共和国破产法》第五条和《中华人民共和国民事诉讼法》第二百八十八条、第二百八十九条的规定，人民法院应当按照互惠原则对本案进行审查，在不违反中华人民共和国法律的基本原则，不损害国家主权、安全和社会公共利益，不损害中华人民共和国领域内债权人合法权益的情形下予以承认和执行。

本院于2021年12月31日发布的《全国法院涉外商事海事审判工作座谈会会议纪要》（以下简称《会议纪要》）第44条对申请承认和执行外国法院判决案件中如何认定互惠关系作出了明确的规定，应据此逐案审查确定是否存在互惠关系。鉴于跨境破产案件与普通民商事案件相比具有一定特殊性，对跨境破产案件中互惠关系的认定应有别于对普通民商事案件中互惠关系的认定。虽然我国和日本对彼此判决均有不予承认和执行的先例，但均无不予承认和执行跨境破产案件判决的先例。从你院查明的日本外国破产程序承认与协助法、日本民事再生法等相关规定来看，我国跨境破产案件判决、裁定得到日本法院承认和执行尚不存在法律障碍，符合《会议纪要》第 44 条第 1 款、第二届中国—东盟大法官论坛通过的《南宁声明》第七条的规定精神。因此，应认定我国与日本在承认和执行跨境破产案件判决、裁定方面存在互惠关系。

依照《会议纪要》第 46 条的规定，还应审核日本东京地方法院作出的 2019 年（再）第 44 号监督命令、2019 年（再）第 44 号启动民事再生程序的决定（以下简称案涉裁定）是否存在不予承认和执行的事由。你院应在进一步查明相关事实的基础上，判断承认和执行案涉裁定是否会损害国家主权、安全和社会公共利益，是否损害中华人民共和国领域内债权人（包括但不限于本案债权人）的合法权益。如果承认和执行的结果不损害国家主权、安全和社会公共利益，亦不损害中华人民共和国领域内债权人（包括但不限于本案债权人）的合法权益，则应承认和执行案涉裁定。

此复

附：

上海市高级人民法院
关于上海某株式会社申请承认与执行日本民事再生程序一案的请示

2022 年 11 月 30 日　　　　　　（2022）沪民他 24 号

最高人民法院：

申请人上海某株式会社申请承认与执行日本民事再生程序裁定一案，

上海市第三中级人民法院（以下简称上海三中院）经审查拟裁定：承认与执行日本东京地方法院作出的2019年（再）第44号监督命令、2019年（再）第44号启动民事再生程序的决定。我院经审查同意其意见。因本案系根据互惠原则进行审查，特报钧院请示。

一、当事人基本情况

申请人上海某株式会社于1993年6月8日在日本注册成立，是一家集贸易、实业投资、股权投资、房地产投资和租赁、项目招标等多种经营模式于一体的综合性贸易公司，总部位于日本东京，在上海另设一办事处。

上海某株式会社注册资本4.9亿日元（约合人民币3249万元），共有五位股东，分别是：上海某实业（集团）有限公司（以下简称上海某实业公司，持股18.86%）、上海某海外公司（持股15.14%）、上海某工业投资（集团）有限公司（以下简称上海某工业公司，持股22%）、上海某电（集团）有限公司（以下简称上海某电公司，持股22%）、上海某化学工业区发展有限公司（以下简称上海某化学公司，持股22%）。上述五位股东均为上海市国有资产管理委员会（以下简称上海市国资委）下属的国有企业。

上海某株式会社在我国境内的财产主要是位于上海市长寿路的房产、交大昂立股票、五家子公司的股权、银行账户存款等。

二、案件基本事实和日本民事再生程序审理情况

（一）当事人请求事项

2021年9月18日，上海某株式会社向上海三中院提交申请书，请求承认与执行日本东京地方法院就上海某株式会社民事再生程序作出的相关裁定，即日本东京地方法院作出的2019年（再）第44号决定（指定管理人监督命令）、2019年（再）第44号决定（启动上海某株式会社民

事再生程序）。

（二）日本民事再生程序启动及进展

2019年7月，上海某株式会社陷入债务危机，于2019年9月12日依据日本民事再生法第21条第1款规定，向日本东京地方法院申请启动民事再生程序。当日，日本东京地方法院作出2019年（再）第44号保全处分命令，禁止上海某株式会社对债权人进行个别清偿。

2019年9月12日，日本东京地方法院作出2019年（再）第44号监督命令，指令由近藤丸人法律事务所的近藤丸人律师对上海某株式会社进行监督。监督委员的职责是：（1）监督委员可以代替法院作出许可民事再生债务人将因日本民事再生法第120条第1款规定的行为而产生的对方的请求权作为共益债权的批准。（2）民事再生债务人作出下列行为时需经过监督委员的同意，但民事再生计划的认可决定作出后，则不受此限。①民事再生债务人所持有或占有的财产相关权利的转让、担保权设定、出租及其他一切处分（日常性交易除外）；②民事再生债务人所持有债权的转让、担保权设定及其他一切处分（民事再生债务人的催收除外）；③财产的受让（商品采购及其他日常性财产受让除外）；④贷款；⑤借款（含票据贴现）和保证；⑥债务免除、无偿的债务负担行为及权利的放弃；⑦赎回别除权的标的财产；⑧签订支持业务维持与再生的相关合同以及该支持人的选定业务相关的合同。

2019年9月19日，日本东京地方法院作出2019年（再）第44号启动民事再生程序的决定，认定上海某株式会社申请符合日本民事再生法第21条第1款所载事由，决定正式启动民事再生程序。

2020年6月30日，上海某株式会社提交再生计划方案；7月10日，该方案提交债权人会议表决；9月2日，债权人会议通过该再生计划方案。同一天，日本东京地方法院对该方案予以认可。目前，该民事再生计划正在执行中。投资人是股东上海某海外公司在日本新设的上海海外株式会社。上海某株式会社在上海长寿路的房产转让给投资人，持有的交大昂立股票及五家中国公司的股权已经处置，全资子公司上海某商务公司也已在上海三中院进入破产程序［（2020）沪03破116号］，目前在审理中。上海某株式会社日本民事再生程序与上海某商务公司中国破产程序是互相独立的破产程序。

上海某株式会社民事再生程序共涉及七名中国债权人，分别是：四名股东债权人（上海某海外公司、上海某工业公司、上海某电公司、上海某化学公司），上海某株式会社国内全资子公司上海某商务公司，以及中国银行和交通银行。七名国内债权人的债权在日本民事再生程序中得到确认，并按照民事再生计划得到清偿。上述七名国内债权人在日本民事再生程序中的债权相当于我国破产程序中的普通债权，不具优先性。

三、上海三中院审理情况

上海三中院受理后进行了听证，书面发函通知债权人中国银行和交通银行，并予以公告。上海某海外公司、上海某工业公司、上海某电公司、上海化工公司及上海某商务公司五名债权人明确表示同意上海某株式会社申请承认与执行。中国银行、交通银行收到法院书面通知后，没有提出异议。

鉴于上海某株式会社的五名股东均为上海市国资委下属企业，上海三中院向上海市国资委函询其对本案上海某株式会社相关申请的意见。上海市国资委回函表示：1993年，经市政府批准，上海某实业公司等五家公司共同出资，在日本东京注册成立上海某株式会社，上海某株式会社在上海设有全资子公司上海某商务公司。1998年，市国资委将上海某海外公司、上海某株式会社委托上实集团管理。市国资委已收到上实公司上报的《关于东京法院正式批准上海某株式会社民事再生计划的报告》。市国资委尊重和支持股东在符合中日两国法律法规及国资监管规定的情况下，基于商业判断，自主决策、合规经营，也希望后续工作继续得到上海三中院的支持。

四、本案涉及的主要事实和法律问题

（一）日本民事再生法的查明及相关规定

本案所涉日本民事再生程序及监督委员制度规定在日本民事再生法中，华东政法大学外国法查明研究中心受托就日本民事再生法进行了查明和全文翻译。与本案承认与执行相关的规定有以下几条。

日本民事再生法第1条，制定本法的目的是对经济上陷入困境的债务人，通过制订能够获得多数债权人的同意和法院批准的再生计划等，合理地调整该债务人和债权人之间的民事权利关系，从而实现该债务人营业或者经济生活的再生。日本民事再生法第3条，外国国民或外国法人在承认协助程序上，应分别与日本国民或日本法人具有同等地位。日本民事再生法同时规定，再生程序由债务人或债权人提出申请，若债务人产生“不能清偿”或“资不抵债”可能性的，一般会被认为符合启动再生程序的原因。此外，“债务人若清偿其到期债务会对持续经营产生重大影响的”，也被认为是启动再生程序的原因。法院启动民事再生程序的同时，确定再生债权申报期限及调查再生债权期限，并予以公告。

按照日本民事再生法，在再生程序中，债务人仍自行行使业务执行权和财产管理处分权（第38条第1款），并承担公平、诚实地为所有债权人履行再生程序的义务（第38条第2款）。同时，为了确保再生债务人履行公平诚实义务，日本法院可以作出监督命令选任监督委员，指令其监督再生债务人（第54条）。

（二）日本民事再生程序、日本监督委员及相应职权的性质

1. 日本民事再生程序属于我国法院可以承认的外国破产程序

根据企业破产法第五条第二款的相关规定，结合跨境破产承认和协助的理论以及国际跨境破产案例的通行做法，我国法院承认外国法院作出的破产裁定，需判断外国破产程序必须是集体性程序，且外国破产法

院具有管辖权。

第一，日本民事再生程序是集体性程序。日本民事再生程序的主要特征是：债务人自行行使业务执行权和财产管理处分权，监督委员进行监督。再生程序启动后，再生债权人权利行使被禁止，包括禁止清偿再生债权（日本民事再生法第85条第1款）以及中止强制执行（日本民事再生法第39条），再生债权通过债权申报、审查和确认程序进行，因此，日本民事再生程序类似于我国债务人自行管理下的重整程序，属于集体性程序。

第二，日本东京法院对上海某株式会社的再生程序有管辖权。外国破产程序是否在主要利益中心国提起，是承认境外破产程序的一项前提。主要利益中心是联合国国际贸易法委员会颁布的跨境破产示范法（以下简称示范法）明确提出的概念，示范法第2条及第16条规定，如无相反证据，债务人注册地推定为债务人的主要利益中心。我国企业破产法第五条并未引入跨境破产的主要利益中心规则，但最高人民法院2021年5月颁布的《最高人民法院关于开展认可和协助香港特别行政区破产程序试点工作的意见》规定，内地法院认可的香港破产程序系债务人主要利益中心在香港的破产程序，且主要利益中心一般指债务人的注册地。参考示范法、我国涉外民事关系法律适用法的最密切联系原则及我国民事诉讼法有关涉外民事诉讼程序相关规定，上海某株式会社注册地在日本东京，民事再生程序由注册地法院日本东京地方法院审理，该日本破产程序符合主要利益中心规则。

2. 日本监督委员及相应职权与我国破产管理人及相应职责具有相似性

日本东京法院对上海某株式会社适用的是债务人自行管理下的民事再生程序，由监督委员进行监督。“债务人自行管理+监督委员监督”构成上海某株式会社完整的民事再生程序。故而，本案日本监督委员的指定实际构成民事再生程序中的一部分。

日本监督委员的职责与我国债务人自行管理下的管理人，其职能本质上具有相似性。对照日本监督委员与我国管理人的职责，可以发现前述日本民事再生法所规定的第7项与我国企业破产法第九十条基本一致，而日本民事再生法所规定的监督委员第1项至第6项职责其实就是对应重整计划批准前监督职责的细化。由此，日本民事再生程序中的监督委员与我国自行管理模式中的管理人职责本质上具有相似性，即通过赋予债务人自行管理的权利，同时为保证该等程序的公正性与透明度，由监督委员或管理人对债务人自行管理行为进行监督。故而，虽然日本监督委员的称谓与我国管理人的称谓有所不同，但从其履职内容看，即为管理人，两者具有共通性。

（三）中国和日本在破产程序承认方面的互惠情况

根据我国企业破产法第五条第二款规定，在承认破产程序方面，中日并未共同缔约或参与国际条约，因此需审查双方是否存在互惠。

第一，跨境破产中的承认与协助（救济）不同于我国民事诉讼法中承认与执行外国法院作出的生效判决、裁定跨境破产中的承认与协助（或救济）制度中，承认的对象是外国破产裁决中涉及的外国破产程序本身；协助（或救济）针对的是接案国法院在批准外国代表人提交的承认申请后，根据本国法律以及外国代表人提出的具体请求，对外国程序及管理人履职予以境内救济的过程，因此与我国民事诉讼法中承认与执行外国法院作出的生效判决、裁定并不完全相同。但鉴于我国企业破产法第五条第二款规定使用了承认和执行“外国法院作出的发生法律效力的破产案件的判决、裁定”的表述，因此，申请人虽是请求对日本东京法院作出的2019年（再）第44号监督命令、2019年（再）第44号启动民事再生程序的决定作出承认与执行，但其本意是承认日本法院针对上海某株式会社作出的民事再生程序以及监督委员的资格，并协助日本监督委员履行相应职责。

第二，日本在立法与司法层面对跨境破产协助的态度。立法层面，日本以联合国国际贸易法委员会示范法为蓝本，完成国内立法外国破产程序承认与协助法，并未将互惠原则作为承认前提。日本民事再生法第3条规定，在再生程序中，外国人或外国法人同日本人和日本法人享有同等的地位。第17条规定，如果债务人在申请外国破产处理程序的国家有住所、居所、营业所或办事处，则外国管理人等可向法院申请承认该外国破产程序。从上述规定来看，我国破产程序应当可以在日本获得承认与执行。司法实践层面，一方面，日本未曾以缺乏互惠关系为由拒绝承认与执行中国破产程序；另一方面，日本先后于2003年、2009年作出裁定，承认与执行 Jinro（H. K.）International Limited、Lehman Brothers Asia Holdings Limited 在香港法院的破产程序（相应地，香港法院也曾于2019年3月承认与执行 Japan Life Co., Ltd. 在日本法院的破产程序）。

第三，我国司法近年来对互惠关系认定的立场。2015年6月，最高人民法院发布《关于人民法院为“一带一路”建设提供司法服务和保障的若干意见》（法发〔2015〕9号），提出“要在沿线一些国家尚未与我国缔结司法协助协定的情况下，根据国际司法合作交流意向、对方国家承诺将给予我国司法互惠等情况，可以考虑由我国法院先行给予对方国家当事人司法协助，积极促成形成互惠关系，积极倡导并逐步扩大国际司法协助范围”。2017年6月，第二届中国—东盟大法官论坛通过了《南宁声明》，与会各国达成以下共识：“尚未缔结有关外国民商事判决承认和执行国际条约的国家，在承认与执行对方国家民商事判决的司法过程中，如对方国家的法院不存在以互惠为理由拒绝承认和执行本国民商事判决的先例，在本国国内法允许的范围内，即可推定与对方国家之间存在互惠关系。”2018年4月，最高人民法院发布《全国法院破产审判工作会议纪要》，第50条专门就跨境破产语境下互惠关系的认定，鼓励法院“探索互惠原则适用的新方式，加强我国法院和管理人在跨境破产领域的合作，推进国际投资健康有序发展”。

（四）本案承认对中国债权人和社会公共利益的影响

1. 承认是否会损害国内债权人的合法权益

对于国内债权人利益保护的认定，应当判断的是外国法律本身是否对别国债权人有歧视性规定。包括两方面：一是实体方面是否对国内、国外债权人有差别性待遇；二是程序方面是否有核心的程序保障方面的内容。对此，日本民事再生法并未对国内外债权人作出差别性规定，该法第3条明确规定“在再生程序中，外国人或外国法人同日本人和日本法人享有同等的地位”。程序方面，日本民事再生程序中债权也是通过申报、确认等程序进行，其民事再生计划的通过也需符合债权平等、最佳利益保护等原则。

本案的七名国内债权人收到上海三中院通知后，其中五名明确表示没有异议，另外两名债权人中国银行和交通银行也没有提出异议。七名国内债权人在日本民事再生程序中的债权性质，相当于我国破产法下的普通债权，不具有优先性，均在日本民事再生程序中得到确认并按照民事再生计划执行。

2. 承认是否会损害社会公共利益

本案系在日本投资的公司上海某株式会社进入民事再生程序后，请求我国法院承认与协助，其目的是债权人在同一破产程序中公平清偿。上海某株式会社的五家股东均为上海市国资委下属企业，审理中，上海市国资委回函上海三中院表示支持本案承认。

有鉴于此，本案承认日本民事再生程序不会损害国内债权人利益，也符合社会公共政策。

五、上海三中院拟处理意见

上海三中院于2022年6月2日召开审判委员会会议对本案进行讨论，形成以下意见。

多数意见认为，日本外国破产程序承认与协助法第3条明确规定

“外国国民或外国法人在承认协助程序上，应分别与日本国民或日本法人具有同等地位”，显示日本在跨境破产承认方面积极的态度。我国企业破产法第五条对跨境破产的规定原则性较强。近些年国际跨境破产显示合作、协调的主基调，中国作为世界第二大经济体，在跨境破产领域持合作开放的态度更有利于保护我国在境外的投资。本案申请人虽是日本公司，但五名股东均系上海市国资委下属企业，股东及上海市国资委对相关申请均无异议，债权人也无异议，本案申请符合我国企业破产法第五条规定。因此，应当承认日本东京地方法院出具的破产裁定，即认可本案所涉日本民事再生程序；承认上海某株式会社日本监督委员的身份和职权，但同时附加一条“债务人（监督委员）实施《中华人民共和国企业破产法》第六十九条所规定的对债权人利益有重大影响的中国境内财产处分行为，需报告人民法院批准”，以限制监督委员或债务人自行管理下重整模式中债务人的职权。

少数意见认为，“推定互惠”或“法律互惠”只是一种学理上的说法，我国企业破产法本身并未作出明确规定，认定我国与日本在跨境破产方面存在互惠依据不足。据此，不应承认与协助。

综上所述，上海三中院拟裁定承认与执行日本东京地方法院作出的2019年（再）第44号监督命令、2019年（再）第44号启动民事再生程序的决定，即（1）认可上海某株式会社在日本东京地方法院的民事再生程序；（2）认可近藤丸人律师作为上海某株式会社的管理人身份；（3）允许近藤丸人律师在中华人民共和国履行下列职责：负责监督上海某株式会社自行管理财产和营业事务。在重整计划规定的监督期内，监督重整计划的执行。上海某株式会社的管理人近藤丸人在履行上述职责时，如涉及中国境内重大财产的转让、将财产转出中国以及实施其他对债权人利益有重大影响的财产处分行为，需经人民法院另行批准。

六、我院的审查意见

我院于2022年10月28日召开审判委员会，经讨论后一致意见认为：

首先，本案所涉日本民事再生程序类似于我国债务人自行管理下的重整程序，属于我国法院可以承认的外国破产程序。其次，我国承认外国判决的司法标准由于受“事实互惠”原则的指导，确认与他国互惠关系的存在十分困难，相应地，中国的判决在境外执行也困难重重。近年来，我国逐渐淡化“事实互惠”，向确立“法律互惠”迈进。日本一贯以“法律互惠”为原则，目前不承认与执行中国法院判决是对中国拒绝承认的“报复”行为，且数量极少。日本没有以缺乏互惠关系为由拒绝承认与执行中国的破产程序，日本立法反映了积极的跨境破产协助的态度，故可认定中国与日本就承认与执行外国破产程序存在互惠关系。再次，日本民事再生法规定日本国内外的主体在民事再生程序中拥有同等的权利，本案国内债权人已经在日本民事再生程序中申报并确认了债权，承认本案所涉日本破产程序不会损害我国国家主权、安全、社会公共利益和国内债权人的合法权益。最后，承认日本监督委员的身份和职权后，需要对日本监督委员在中国的履职行为进行相应的监督和协助。

综上所述，我院同意上海三中院的拟处意见，承认本案所涉民事再生程序，承认日本监督委员的身份和职权。日本监督委员今后因该案在中国进行的相关履职行为，以确保不损害中国国家主权、安全和社会公共利益、不违反中国法律强制性规定为原则，上海三中院对此进行相应的司法监管以及提供必要的司法协助。

以上意见妥否，请批复。

【案例评析】

最高人民法院第 36 批指导案例解读*

积极支持与监督仲裁司法典范

刘敬东**

2022 年 12 月 27 日，最高人民法院发布了第 36 批指导性案例，此批指导性案例总共包含六件人民法院对国内外仲裁裁决进行司法审查的经典案例。综观这六件指导性案例，可以肯定地说，个个案例都堪称精品，每份裁判文书均可谓司法典范，最高人民法院将其作为指导性案例，充分彰显了中国法院积极支持仲裁的鲜明司法立场、依法监督仲裁的司法担当以及严格履行国际条约义务的司法风范，对于进一步营造“仲裁友好型”中国司法氛围以及我国的国际商事争议解决中心建设具有巨大推动作用。

这六件指导性案例涵盖了仲裁协议效力认定问题、申请撤销仲裁裁决问题以及承认与执行外国仲裁裁决等诸多仲裁司法审查中的重要法律问题，所作出的裁判对于中国仲裁的未来发展将产生重要影响，也必将引起国际仲裁界的高度关注。

综合研究这六件指导性案例，不难发现，在仲裁司法审查领域，人

---

* 转引自“人民法院报”微信公众号。

** 中国社会科学院国际法所国际经济法室主任、研究员，博士生导师，中国仲裁法学研究会副会长。

民法院坚持其长期奉行的积极支持仲裁事业的一贯立场，与此同时，人民法院依法履行对仲裁的司法监督责任，在承认和执行外国仲裁裁决方面严格遵循国际条约义务。具体而言，这些指导性案例的影响和意义体现为以下几个方面。

一、彰显司法支持仲裁鲜明立场

各国的仲裁事业发展实践证明，仲裁事业发展离不开司法的大力支持。多年来，最高人民法院通过密集颁布仲裁司法审查领域多项司法解释统一裁判标准，积极支持我国仲裁业发展，并在《关于人民法院为“一带一路”建设提供司法服务和保障的若干意见》《关于为自由贸易试验区建设提供司法保障的意见》《关于人民法院为海南自由贸易港建设提供司法服务和保障的意见》等重要司法文件中多次表明中国司法支持仲裁的态度和鲜明立场。此次发布的指导性案例中，运某有限公司与深圳市某商业投资控股有限公司申请确认仲裁协议效力案明确了，仲裁条款独立存在，其成立、效力与合同其他条款是独立、可分的，合同成立与否不影响仲裁条款的成立、效力。这一司法判断，对于解决仲裁实践中因合同本身效力问题引发仲裁条款是否有效问题而产生的大量争议起到关键性作用，充分体现了司法对仲裁解决商事争议的支持，意义非同小可。另一指导性案例，深圳市某投资控股有限公司与深圳市交通运输局申请确认仲裁协议效力案认为，当事人未在仲裁庭首次开庭前对仲裁协议的效力提出异议的，应当认定当事人接受仲裁庭对案件的管辖权，对同一纠纷进行的重新仲裁程序，当事人在重新仲裁开庭前对仲裁协议效力提出异议的，不属于仲裁法第二十条第二款规定的“在仲裁庭首次开庭前提出”的情形，人民法院依法支持该案以仲裁方式解决。这一司法裁判同样彰显了司法支持仲裁的鲜明态度和立场，对于仲裁作为商事争议解决方式的不断发展壮大至关重要。

二、依法履行司法对仲裁监督责任

国际仲裁实践同样表明，在支持仲裁的同时，司法应当履行对仲裁的监督责任，这是维护仲裁高度公信力和确保其可持续发展的必要保障，中国法院一如既往地贯彻这一理念，严格依据法律对仲裁开展司法监督，以有力监督促进仲裁业顺利前行。在此次发布的指导性案例中，某银行股份有限公司岳阳分行与刘某良申请撤销仲裁裁决案依法对该案涉及的仲裁条款效力是否及于合同外当事人问题进行了审查，并认定实际施工人并非发包人与承包人签订的施工合同的当事人，亦未与发包人、承包人订立有效仲裁协议，不应受发包人与承包人的仲裁协议约束。该裁判体现了人民法院充分尊重当事人意思自治这一仲裁最高原则的司法态度，确保仲裁作为商事争议解决方式必须建立在当事人自愿选择的基础之上，切实保障了当事人意思自治和选择争议解决方式的民事权利。另一个指导性案例，高某宇与深圳市某创新发展基金企业、李某申请撤销仲裁裁决案凸显了司法维护社会公共利益的法定职能，该案涉及的仲裁裁决违反了国家对虚拟货币金融监管的规定，人民法院认定其违背了社会公共利益并判定予以撤销。这一指导性案例将仲裁法第五十八条第三款中的“人民法院认定该裁决违背社会公共利益的，应当裁定撤销”这一内容具体化、深化了“社会公共利益”内涵的司法阐释，对于维护国家金融秩序稳定无疑是十分必要的，同时，也为仲裁解决金融领域相关争议画出一道“红线”，充分彰显了司法对仲裁监督功能的题中应有之义。

三、严格遵循国际条约承认与执行外国仲裁裁决

中国在20世纪80年代加入《承认及执行外国仲裁裁决公约》（《纽约公约》）后始终严格遵循该公约之规定，人民法院在承认与执行外国仲裁裁决方面的工作不断取得重要进展。近些年来，随着中国涉外民商事审判水平的大幅提升，人民法院在履行《纽约公约》之条款规定对外国仲裁裁决予以承认与执行司法审查方面积极吸纳国际先进经验和国际仲裁发展最新成果，展示出中国严格履行国际条约的司法风范和支持国际仲裁的鲜明立场，在履行《纽约公约》方面所取得的成就赢得国际仲裁界广泛赞誉。此次发布的指导性案例中，某蜂蜜加工公司申请承认和

执行外国仲裁裁决案中作出的裁判就是中国司法支持国际仲裁的最新范例。在该案中，人民法院通过对案涉仲裁条款的合理性解释认可了临时性仲裁对该案的适用性，并根据《纽约公约》作出驳回不予承认和执行该临时仲裁裁决申请的裁判，该裁判对于进一步营造“仲裁友好型”中国司法氛围、提升中国司法在国际仲裁领域的公信力和良好形象大有裨益。在此次发布的另一起涉外仲裁的指导性案例中，人民法院则充分展示了开拓性的国际视野和高超的司法专业水平。德某·可可某诉上海某餐饮管理有限公司、吕某劳务合同纠纷案涉及相关外国法查明以及《纽约公约》相关条款适用两大涉外法律问题。在该案中，人民法院充分尊重当事人的约定，依据涉外民事关系法律适用法确定案涉仲裁条款效力的准据法应为瑞士法，并在查明瑞士法后依据瑞士法相关规定作出案涉仲裁条款有效的判断。在此基础上，详细审查案涉合同中的仲裁条款约定，最终认为本案不符合案涉仲裁条款所约定的将争议提交国际体育仲裁院进行仲裁的条件，该仲裁条款不适用于本案，不能排除相关人民法院行使管辖权。该案裁判涉及国际体育仲裁领域前沿性法律问题，为国际体育仲裁界高度关注，该裁判公正、合理，国际化程度高，已成为国际体育仲裁领域最新代表性司法裁判，对于该领域相关国际法律问题的解决具有引领意义。

综上所述，最高人民法院发布的第 36 批指导性案例展现了中国法院在仲裁司法审查领域所取得的重要进展，以及中国司法所取得的最新成就，对于中国仲裁事业健康发展乃至国际仲裁相关领域未来进展均将产生重大而积极的影响。有充分理由相信，中国法院将致力于营造“仲裁友好型”司法氛围，进一步提高仲裁的司法审查能力和水平，不断迈向世界先进之列。

紧跟时代步伐、创新探索仲裁司法审查裁判规则

姜丽丽*

2022年12月27日，最高人民法院发布了第36批仲裁司法审查指导性案例（第196—201号），涉及仲裁协议效力认定、仲裁程序处理、违背社会公共利益情形适用，以及对临时仲裁和体育仲裁的认识定位等仲裁实践中的热点或前沿问题，既反映出新时期经济发展对仲裁的时代需求，又充分体现了司法对仲裁制度不断完善的能动形塑作用。

仲裁司法审查制度的重要价值，在于对仲裁权利的维护保障与适度规制之间、对尊重仲裁自治与守护公共利益之间的动态平衡与价值判断。我国的案例指导制度，正是弥补制定法不足的制度创新。该批案例是人民法院对社会经济发展热点的及时回应，不仅对规范全国仲裁司法审查裁判具有现实意义，而且对仲裁法律制度的修订、完善具有启示价值。

一、仲裁协议效力理论适用的最新探索

仲裁协议是仲裁制度运行的基础，对仲裁协议效力认定是持严格限制标准，还是持“尽可能使其有效”的支持原则，是体现各国对仲裁支持态度的首要风向标。当前“尽可能使其有效”原则已经逐步成为各国对仲裁协议效力问题的共识，并成为联合国国际商事仲裁示范法（以下简称示范法）的立场。

---

* 时任中国政法大学教授，中国政法大学仲裁研究院秘书长兼副院长。

1. 第 196 号案例：仲裁协议独立性在合同未成立情形下的适用探索

仲裁协议独立性原则是仲裁作为争议解决制度的特有原则，法律规定见诸仲裁法第十九条和民法典第五百零七条。2006 年施行的《最高人民法院关于适用〈中华人民共和国仲裁法〉若干问题的解释》（以下简称《仲裁法解释》）第十条规定，将不影响仲裁协议效力独立判断的合同情形，扩展至"合同未成立"等几种特殊情形。结合仲裁法第十六条以及《仲裁法解释》第二条对仲裁事项的规定，亦可知与"合同成立"相关的争议属于合同仲裁事项的一部分，这也决定了仲裁协议应独立于合同判断；若以与合同成立一致为原则，就不存在合同成立争议仲裁的可能性。

商事交易当中，当事人在缔约预备、谈判、履行及终止后的各个阶段，都要投入成本并可能发生争议。争议解决的客观需求贯穿商事交易的全流程，这就决定了争议解决条款要具备与争议合同相分离且能够覆盖与该合同相关的所有争议的特性，才有利于纠纷解决。因此，虽然争议解决条款具有契约性，但对其法律规制往往更为宽松、友好，各国一般遵循"尽可能使其有效"原则，以保障争议得以及时顺利解决。

在以临时仲裁为基础的国际通行仲裁法律制度下，几乎只要在合同中出现"仲裁"字样即可成立仲裁协议。2006 年示范法重点对仲裁协议的形式和达成方式进行了更为友好宽松的修订，其第 16 条规定："……构成合同一部分的仲裁条款应当视为独立于合同其他条款的一项协议。"英国仲裁法第 7 条也同样规定："构成或旨在构成其他协议（无论是否为书面）一部分的仲裁协议，不得因其他协议无效、不存在或失效而相应失效、不存在或失效。为此目的，仲裁协议应视为不同的协议。"在第 196 号案例中，法院即将仲裁协议"视为不同的协议"进行了审查判断。

该案充分体现了国际商事法庭的积极作为及国际化思维。第一，法院同样基于仲裁协议独立性原则单独确定了仲裁协议适用的准据法为中国法。第二，法院对仲裁法第十九条进行了体系性解释，并结合《仲裁法解释》第十条规定，明确判断仲裁协议是否存在、成立的问题，"除非确有必要”，不必考虑整个合同的效力，而是应先行独立判断当事人是否达成了仲裁合意。该裁判要旨提供了重要的司法审查方法论，体现出对仲裁协议审查“尽可能使其有效”立场，树立起国际商事法庭引领国际商事纠纷解决机制建设的国际友好形象。该案的审理思路对国内仲裁同样适用。实务中的应对要点，即当对方发来任何有关争议解决内容的条款时，要及时回应并留下可以供日后查询的记录。

2. 第 197 号案例：仲裁协议异议权与重新仲裁关系

第 197 号案例明确在“重新仲裁”程序中，当事人是否还有权在首次开庭前对仲裁协议提出异议的问题。本案例裁判要点认为，当事人未在仲裁庭首次开庭前对仲裁协议的效力提出异议的，应当认定当事人接受仲裁庭对案件的管辖权。虽然案件重新进入仲裁程序，但仍是对同一纠纷进行的仲裁程序，当事人在重新仲裁开庭前对仲裁协议效力提出异议的，不属于仲裁法第二十条第二款规定的“在仲裁庭首次开庭前提出”的情形。进入重新仲裁的情形，主要是证据审查瑕疵或小的程序瑕疵，通常不会涉及仲裁协议效力问题。因为仲裁协议效力是决定仲裁庭管辖权的先决问题，不适合由原仲裁庭“补救”。该案当事人之前没有对仲裁协议效力提出异议，在案件重新进入仲裁程序后，显然不能推翻在原仲裁中对仲裁协议作出的意思表示，将所有权利重新行使。

3. 第 198 号案例：对仲裁协议自治性的尊重与适用探索

该案例的裁判明确实际施工人不受承包人、发包人双方订立的仲裁协议的约束；更重要的价值是回应司法解释对实际施工人跨越合同的实体请求权的规定，能否扩展适用于仲裁、从而突破仲裁协议的相对性问题。

在司法实践中，实际施工人根据 2004 年《最高人民法院关于审理建设工程施工合同纠纷案件适用法律问题的解释》第二十六条规定直接起诉发包人，发包人以与承包人之间有仲裁协议为由向法院提出管辖异议的情形居多，各地法院也有不同裁定结果。第 198 号案例的情形与之相反，实际施工人“主动接受”了承包人、发包人之间的仲裁协议管辖，而发包人以其与实际施工人不存在仲裁协议为由提出异议。

法院的审查重点是实际施工人能否成为仲裁协议的当事人。根据仲裁协议相对性原则，案外的实际施工人可能受仲裁协议约束的路径除了对方同意接受管辖而视为形成新的仲裁协议外，就是符合法律规定的受仲裁协议约束的特殊情形，例如合同的承继和转让。但显然实际施工人既不属于施工合同的承继人，也不属于被转让方。实际施工人与承包人之间签订有单独的转分包协议，从合同主体和性质上看，双方形成与施工合同迥异的单独法律关系。岳阳仲裁委员会以实际施工人是施工合同的“权利义务受让人”为依据作出管辖决定，确实有误。

第 198 号案例体现了人民法院就仲裁协议自治性在坚守与突破之间的衡平探索。仲裁协议的自治性主要是指仲裁协议以当事人意思自治为原则，由当事人协议达成；其还意味着当事人通过达成仲裁协议排除了法院的司法管辖。自治性决定了仲裁协议的相对性，即仲裁协议效力仅限于签约当事人，不及于案外人，故此仲裁中不存在诉讼法上的“第三人制度”。该案中提起仲裁的实际施工人，相对于发包人与承包人之间的合同及其仲裁协议，即属于案外第三人。

二、公共政策在仲裁司法审查中的引导适用

第 199 号案例是一起以“违背社会公共利益”为由撤销仲裁裁决的案件。最高人民法院在《关于仲裁司法审查案件报核问题的有关规定》中，明确以违背社会公共利益为由撤销、不予执行仲裁裁决的案件，须向最高人民法院报核。对违背社会公共利益的界定，一般限于违背我国法律的基本制度与准则、违背社会和经济生活的基本价值取向，危害社会公共秩序和生活秩序，违背社会全体成员普遍认可、遵循的基本道德准则等情形。

第 199 号案例涉及对比特币规制的前沿法律问题。该案申请人主张参考 okcoin. com 网站公布的合同约定履行时点有关比特币收盘价的公开信息，估算对方未归还比特币应赔偿的财产损失为 401780 美元。仲裁庭

裁决“高某向李某支付401780美元（按裁决作出之日的美元兑人民币汇率结算为人民币）”。法院审查援引了2013年中国人民银行等五部委发布的《关于防范比特币风险的通知》及2017年中国人民银行等七部委联合发布的《关于防范代币发行融资风险的公告》，认定涉案裁决“实质上是变相支持了比特币与法定货币之间的兑付、交易”，违背了社会公共利益，应予以撤销。

该案例的指导价值在于准确理解判断“违背社会公共利益”情形的考虑因素和适用边界。根据发布内容，该案认定裁决是否违背社会公共利益，并非基于“比特币交易合法性”的一般性问题。法院重点审查的是裁决内容是否触及国家政策禁止的具有“货币属性”的比特币兑付、交易等金融监管要求，具体情形为：参考okcoin. com网站比特币收盘价的公开信息估算比特币的美元价值，以此再兑换为人民币赔偿给当事人的裁决事项。其着眼点在于裁决触及金融监管禁止性规定从而涉及危害金融秩序。

仲裁制度的亲商性、跨国性与不公开性，与虚拟货币交易及纠纷解决的需求高度契合，近几年虚拟货币仲裁案件数量逐步增长。对虚拟货币交易合法性与违反金融监管禁止性规定之间边界的精准把握，体现出人民法院对于特定时期、特殊领域，尤其是涉及金融监管核心区政策调控的负责任的司法态度，以及对前沿法律问题的主动探索。该类问题短期内难以立法，更适合根据实践发展动态调整，由指导性案例适时作出指引堪为进退有度的有益尝试。

三、中国仲裁国际化发展新动态

该批指导性案例中，第196号、第200号、第201号三个案例从不同侧面展现出我国经济社会国际化发展的新动态。其中，第200号、第201号案例分涉国际通行的临时仲裁和体育仲裁，有利于树立中国司法审查的国际形象、促进中国仲裁的国际化发展。

1. 第200号案例：国际仲裁临时仲裁条款的认识与适用

第200号案例是对临时仲裁的全面展示，该案的争议焦点是对临时仲裁条款的理解。“in case of disputes governed by Swedish law and that disputes should be settled by Expedited Arbitration in Sweden.” 这是国际仲裁中常见的仲裁条款约定，简洁但包含了四项具有法律意义的信息：(1) 争议适用的实体法为瑞典法；(2) 仲裁的意思表示；(3) 争议解决应通过快速仲裁进行；(4) 仲裁地在瑞典。

仲裁地决定了判断仲裁协议效力的法律适用以及裁决的国籍。对于瑞典等绝大多数以临时仲裁为仲裁基本形态的法域，仲裁协议效力主要取决于仲裁的意思表示，对仲裁机构没有要求，根据瑞典仲裁法，这是合法有效的仲裁条款。

关于快速仲裁（Expedited Arbitration）的约定，是指相对于普通仲裁程序，能够使仲裁程序快速高效进行的规则或措施。无论是临时仲裁还是机构仲裁，都可以适用快速仲裁规则。联合国国际贸易法委员会推出的《快速仲裁规则》（UNCITRAL Expedited Arbitration Rules）就是为当事人选择快速仲裁提供的示范规则。因此，关于快速仲裁的约定，可以由当事人合意选择或仲裁庭决定适用某个快速仲裁规则进行；仲裁庭也有权自主决定其认为足以实现高效推进程序的规则。

该案例有助于当事人厘清机构仲裁与临时仲裁、快速仲裁与普通仲裁这两对仲裁中的重要概念：前者区分的是仲裁案件是否有专门的机构管理协助；后者区分的是仲裁是否采取快速推进程序的规则和措施。临时仲裁与快速仲裁是从不同维度对仲裁条款的界定，完全可以融合实施。在国际仲裁中，根据禁止反言或“放弃异议权”规则，只要当事人未及时在程序中提出异议，事后想挑战仲裁程序不符合仲裁条款约定，几乎不可能实现。

该案例对临时仲裁给予积极正面评价，并依据《纽约公约》予以承认和执行，展示出我国认真履行国际公约、一贯支持国际仲裁的友好法域形象，对我国仲裁法修订、适度放开临时仲裁提供了重要参考。

2. 第 201 号案例：体育纠纷解决国际化发展新挑战

第 201 号案例是足球俱乐部与聘任的外籍职业教练之间的典型体育

纠纷。案涉合同中争议解决条款第 5.1 条约定：与本合同相关的或因本合同引起的任何争议或讼争，应当交由国际足联球员身份委员会（以下简称球员身份委员会）或其他任何国际足联有权机构解决。第 5.2 条约定：如果国际足联对于任何争议不享有管辖权，当事人应当将上述争议提交至国际体育仲裁院，根据国际体育仲裁院的《体育仲裁规则》进行有约束力的仲裁，仲裁地为瑞士洛桑。

该条款呈“否定递进选择”的双层结构：首先应执行第一款；若第一款无法执行，则适用第二款。双方确实执行了第一款，球员身份委员会于 2018 年作出外籍职业单一法官裁决。因双方均未按照该裁决规定期限向国际体育仲裁院提起上诉，裁决已生效。但被诉的俱乐部未付款就解散了，不再注册为中国足球协会会员，意味着该裁决无法通过行业自治的会员约束机制获得执行。外籍职业教练因此向上海法院提出了诉讼，被诉方提出异议认为争议应当归国际体育仲裁院仲裁管辖。

体育纠纷解决的特点是主要靠行业自治。国际奥委会于 1983 年建立了常设仲裁机构国际体育仲裁院；《奥林匹克宪章》也规定了所有与奥运相关的争议由国际体育仲裁院仲裁解决。在体育领域的“金字塔”体系中，国际体育仲裁院在国际奥委会“加持”下，成为国际体育纠纷解决领域公认的“金字塔尖”，绝大部分国际体育单项联合会的纠纷解决都接受国际体育仲裁院管辖。面对国际体育纠纷，中国法院面临的挑战是：既要应管尽管、维护司法权威，又要体现支持国际仲裁、尊重国际体育组织的友好形象。

国际体育仲裁院处理国际体育纠纷，既可以根据当事人的仲裁协议进行普通仲裁程序，又可以作为国际单项体育联合会内部纠纷解决的“上诉”机制，受理运动员不服联合会作出的纪律处罚或其他当事人不服内部裁决的仲裁。协会内部裁决上诉期一般为二十日，逾期不上诉则该裁决即生效。外籍职业教练拿到的正是这样的生效裁决。根据争议解决条款约定，该裁决意味着案涉合同第 5.1 条的约定已得以施行，当事人不能再选择适用第 5.2 条。从仲裁协议效力分析，第 5.2 条关于国际体育仲裁院仲裁的约定，因前提条件不成就而未生效，国际体育仲裁院因此没有管辖权。

该案在两个层面涉及国际体育仲裁院的管辖权：一是第5.2条的约定；二是内部裁决可以上诉至国际体育仲裁院仲裁，这并非基于当事人在争议解决条款中的约定，而是国际足联纠纷解决程序的规定，但因当事人放弃上诉，内部裁决已生效，国际体育仲裁院也就不再具有仲裁管辖权。从国际体育仲裁院与协会内部纠纷解决机制的衔接及促进纠纷解决角度，一旦协会内部裁定产生约束力，国际体育仲裁院基于既判力原则，也不会再受理同一争议的仲裁。

对于国际足联内部裁决的定性，涉及人民法院是否要依据《纽约公约》承认和执行，进而决定是否排除法院管辖的问题。法院重点从作出单一法官裁决的程序是否为仲裁程序、球员身份委员会的处理机制是否是具有终局性的纠纷解决机制两方面进行了审查，皆作出否定评价后，确认该裁决不属于《纽约公约》项下的仲裁裁决。可以佐证的是，案涉合同第5.1条中既没有出现“仲裁”字样也没约定上诉至仲裁机构，而内部裁决中却告知当事人可以上诉至国际体育仲裁院仲裁。这两点亦可说明该类纠纷解决程序并非《纽约公约》项下以当事人缔结仲裁协议为基础、排除法院管辖，自身对纠纷解决当然具有终局效力的独立仲裁机制。明确管辖后，法院对这类裁决效力或证明力的认定，将对我国处理和应对国际体育纠纷提供更完整的参考。

支持仲裁，依法监督，凝聚国际优选仲裁地的吸引力

宋连斌*

通过裁判具体的个案争议，澄清已有规则、发展新规则，能够更妥帖、更灵活、更及时地体现支持仲裁的政策，更有效地将最新的理念凝聚为具体的裁判规则。2022 年 12 月 27 日，最高人民法院发布第 36 批指导性案例，系首次以仲裁司法审查为主题集中发布的一批指导性案例。虽然此前最高人民法院发布的指导性案例也多次涉及仲裁，但集中发布更具影响力。纵观该批案例，仲裁协议效力认定两例（第 196 号、第 197 号），申请撤销仲裁裁决两例（第 198 号、第 199 号），承认及执行外国仲裁裁决两例（第 200 号、第 201 号），大致涉及仲裁协议效力认定的范围、放弃异议的效力、仲裁协议的相对性、公共政策等重要仲裁法议题，对相关经典及新领域裁判规则的确定，将具有深远影响。

第 196 号案例：运某有限公司与深圳市某商业投资控股有限公司申请确认仲裁协议效力案

该案明确了一些仲裁协议效力认定实践中长期存在争议的问题，即仲裁法第二十条规定的当事人向法院申请确认仲裁协议的效力，是否涵盖仲裁协议的存在。实践中，常有观点认为，当事人可向法院申请确认仲裁协议的效力，但仲裁协议的存在与否不属于法院的审查范围。这种

* 中国政法大学教授、博士生导师，中国国际私法学会副秘书长。

字面上的狭义理解导致司法审查逻辑上不周延，理论上还可能导致一种窘境：如果真的不存在仲裁协议，仲裁员不顾一方的抗辩受理案件，直至裁决作出后一方才可以申请司法救济，似乎造成了更大的浪费。对此，第196号案例认定仲裁条款的效力广义上包括仲裁协议是否成立，属于仲裁司法审查的受案范围。同时，这一案例也进一步澄清了仲裁协议独立性问题，当事人在订立合同时就提交仲裁达成合意的，合同成立与否不影响仲裁条款的成立与效力。而仲裁协议是否成立，主要是指当事人是否有将争议提交仲裁的合意；仲裁协议是一种合同，判断双方是否就仲裁达成合意，应适用民法中关于要约、承诺的规定。上述裁判观点强调了维护仲裁合意的理念，对我国商事仲裁的未来发展具有基础意义。

第197号案例：深圳市某投资控股有限公司与深圳市交通运输局申请确认仲裁协议效力案

该案解释了仲裁法第二十条的相关规定，对放弃异议的效力作了进一步明确。即“仲裁庭首次开庭前”是当事人是否放弃对仲裁协议异议的关键时点，当事人未在仲裁庭第一次开庭前对仲裁协议的效力提出异议，视为当事人接受仲裁庭管辖权。即便裁决作出后仲裁庭依法院通知开始重新仲裁，当事人也无权再次对仲裁协议的效力提出异议。该案裁判观点不仅有利于准确理解与适用仲裁法第二十条第二款所规定“仲裁庭首次开庭前”的含义，对于引导当事人诚信仲裁也具有积极作用。

第198号案例：某银行股份有限公司岳阳分行与刘某良申请撤销仲裁裁决案

该案明确了仲裁协议相对性的一种情形。实践中，实际施工人能否援引发包人与承包人之间的仲裁协议而对发包人提起仲裁，分歧较大。该案裁判明确，2004年《最高人民法院关于审理建设工程施工合同纠纷案件适用法律问题的解释》第二十六条规定的实际施工人直接向发包人提起诉讼是一定时期及背景下为解决拖欠农民工工资问题的一种特殊制度安排，实际施工人对发包人主张权利，并非对承包人权利的承继，也并非权利代位。尤其是发包人只在欠付建设工程价款范围内对实际施工人承担责任，发包人并不必然会承担责任。在发包人与承包人订有仲裁条款的情况下，基于合同的相对性，因实际施工人并非建设工程施工合同的当事人，既无法依据该仲裁条款对发包人提起仲裁，也不应受该仲裁条款的约束。如果实际施工人根据发包人与承包人约定的仲裁条款提起仲裁，而发包人或承包人亦同意通过仲裁方式解决相关纠纷，此时各方相当于补充达成仲裁协议。该案裁判进一步表明合意是商事仲裁的基石。

第 199 号案例：高某宇与深圳市某创新发展基金企业、李某申请撤销仲裁裁决案

该案涉及一定程度的社会公共利益界定问题，力图明晰虚拟货币与法定货币的兑付交易与我国社会公共利益之间的关系。虚拟货币是近年争议解决领域的新问题，该案明确，仲裁裁决裁定被申请人赔偿与比特币等值的美元，再将美元折算成人民币，属于变相支持比特币与法定货币之间的兑付交易，违反国家对虚拟货币金融监管的规定，违背社会公共利益，法院应当裁定撤销仲裁裁决。

第 200 号案例：某蜂蜜加工公司申请承认和执行外国仲裁裁决案

该案厘清了临时仲裁、快速仲裁等新型法律概念之间的关系。该案例认为快速仲裁并非机构仲裁独有，也可以在临时仲裁中运用。我国法院尊重临时仲裁和快速仲裁的兼容，也在外国仲裁裁决的承认与执行上显示出积极促进仲裁裁决全球流通的国际形象。

第 201 号案例：德某·可可某诉上海某餐饮管理有限公司、吕某劳务合同纠纷案

该案确认国际单项体育组织内部纠纷解决机构，系依其内部条例成立的自治性纠纷解决机构，并非独立的仲裁机构；该机构仅就其会员单位和成员之间的争议进行调处，其作出的决定主要依靠行业内部自治机制获得执行，不具有普遍、严格的约束力，不符合仲裁裁决的本质特征。故此，国际单项体育组织内部纠纷解决机构不是 1958 年《承认及执行外国仲裁裁决公约》（《纽约公约》）所指的仲裁机构，其作出的处理决定不属于《纽约公约》规定的外国仲裁裁决。值体育法修订生效之际，该案对我国体育仲裁亦具有示范意义。

自仲裁法实施以来，以最高人民法院为枢纽，我国法院对仲裁的支持愈来愈深化，从而参与到最佳国际仲裁实践的发展进程中。在更高水平对外开放的背景下，仲裁司法审查指导性案例的发布，有利于及时回应社会关切和现实热点，改进营商环境，助力中国主要城市成为面向全球的国际优选仲裁地。在国际仲裁权威研究机构发布的《2021 年国际仲裁调查报告》中，中国香港、北京和上海已分列国际优选仲裁地的第三名、第六名和第八名。相信随着支持仲裁理念的不断完善，未来中国会成为有持久吸引力的国际优选仲裁地。

【调查与研究】

仲裁司法审查实践中的若干典型问题

杨弘磊* 李 娜**

仲裁，是当事人自愿将他们之间的争议交由中立的第三方即仲裁庭进行审理和裁决，仲裁庭在当事人授权范围内，根据法律规定解决当事人之间争议的一种方式。仲裁与包括诉讼在内的各种纠纷解决方式相互补充，在我国多元化纠纷解决和社会治理体系中发挥着重要作用。仲裁的健康发展，离不开司法的支持与监督。在我国仲裁法的框架下，司法审查工作的重点除仲裁条款效力判断外，主要涉及仲裁裁决的撤销以及不予执行问题。

人民法院对于国内仲裁裁决的司法审查事由①，主要包括：（1）是否有仲裁协议；（2）裁决的事项是否属于仲裁协议的范围或者仲裁委员会是否有权仲裁；（3）仲裁庭的组成或者仲裁的程序是否违反法定程序；（4）裁决所根据的证据是否系伪造的；（5）对方当事人是否隐瞒了足以影响公正裁决的证据；（6）仲裁员在仲裁该案时是否有索贿受贿、徇私舞弊、枉法裁决行为。除上述审查事由之外，还包括裁决是否违背社会公共利益。人民法院对于涉外仲裁裁决的司法审查事由②，主要包括：

---

* 最高人民法院民事审判第四庭二级高级法官。

** 最高人民法院民事审判第四庭法官助理。

① 参见仲裁法第五十八条、民事诉讼法（2021 年修正）第二百四十四条，上述两条文内容表述略有差异，内容基本相同。

② 参见仲裁法第七十条、民事诉讼法（2021 年修正）第二百八十一条。

（1）当事人在合同中是否订有仲裁条款或者事后是否达成书面仲裁协议；（2）被申请人是否得到指定仲裁员或者进行仲裁程序的通知，或者是否由于其他不属于被申请人负责的原因未能陈述意见的；（3）仲裁庭的组成或者仲裁的程序与仲裁规则是否不相符；（4）裁决的事项是否属于仲裁协议的范围或者仲裁机构是否有权仲裁。另外，还审查裁决是否违背社会公共利益。需要说明的是，人民法院对于国内仲裁裁决与涉外仲裁裁决的司法审查监督范围有内容相同部分，也有内容不同部分。较之于涉外仲裁裁决，人民法院对于国内仲裁裁决的司法审查事由，多了对于伪造证据、隐瞒证据及仲裁员枉法裁决等事由的审查；对于涉外仲裁裁决的司法审查监督范围，除裁决违背社会公共利益的情形之外，仅限于仲裁程序方面的问题，不涉及实体方面的问题，即对裁决在认定事实和适用法律上是否有错误不进行审查。结合上述法律规定，本文对我国仲裁司法审查实践中较常涉及的几个方面问题进行了简要的梳理分析。

一、对于“没有仲裁协议”的理解

根据《最高人民法院关于适用〈中华人民共和国仲裁法〉若干问题的解释》（以下简称《仲裁法司法解释》）第十八条的规定，“没有仲裁协议”是指当事人没有达成仲裁协议；仲裁协议被认定无效或者被撤销的，视为没有仲裁协议。按照上述规定，“没有仲裁协议”包括三种情形：当事人没有达成仲裁协议、仲裁协议被认定无效、仲裁协议被依法撤销。没有达成仲裁协议是指当事人在纠纷发生前后均未就可能发生或者已经发生的争议提交仲裁的问题达成协议。仲裁协议被认定无效或者被依法撤销与没有仲裁协议的法律后果相同。

（一）当事人没有达成仲裁协议

根据我国仲裁法的规定，仲裁协议包括合同中订立的仲裁条款和以其他书面方式在纠纷发生前或者纠纷发生后达成的请求仲裁的协议。因此，仲裁协议作为一种意思表示，是以一种契约的形式存在的，无论是合同中的仲裁条款还是单独的仲裁协议，都是当事人之间达成的仲裁协议。如果当事人之间没有达成仲裁协议或者说没有就仲裁达成合意，也就不存在仲裁协议。仲裁协议本质上是一种合同，判断双方是否就仲裁达成合意，应当适用民法典合同编关于要约、承诺的规定。承诺生效时合同成立，即意思表示达成一致时合同成立。就仲裁协议而言，如果当事人未达成提交仲裁的合意，则仲裁协议不成立，当事人不能通过仲裁解决争议。仲裁协议成立是仲裁协议生效的前提。因此，当事人以不存在仲裁协议为由申请确认仲裁协议效力，也应纳入仲裁司法审查的范围。

（二）仲裁协议无效

一个有效的仲裁协议，应当具备一般有效合同应当具备的各种要件，还必须符合我国仲裁法有关仲裁协议有效的特殊规定。仲裁法第十六条规定，仲裁协议应当具有下列内容：（1）请求仲裁的意思表示；（2）仲裁事项；（3）选定的仲裁委员会。此外，我国仲裁法第十七条还专门规定了无效仲裁协议的情形。即有下列情形之一的，仲裁协议无效：（1）约定的仲裁事项超过法律规定的仲裁范围的；（2）无民事行为能力人或者限制民事行为能力人订立的仲裁协议；（3）一方采取胁迫手段，迫使对方订立仲裁协议的。因此，当事人达成的仲裁协议，只要符合仲裁法第十六条规定的仲裁协议合法有效的形式要件和实质要件，且不存在仲裁法第十七条规定的仲裁协议无效之情形，应当认定为合法有效。根据上述法律规定，有效的仲裁协议至少应当符合下列条件：（1）主体适格；（2）有仲裁意思表示；（3）仲裁事项具有可仲裁性；（4）选定仲裁机构。

需要注意的是，仲裁协议无效与不存在仲裁协议是两个不同的问题。在实践中，当事人有时主张未达成仲裁合意，此时的审查要点应当是仲裁协议是否成立，而不是仲裁协议无效问题。

（三）仲裁协议被依法撤销

仲裁协议作为合同的一种，当然适用我国民法典第一百四十七条、

第一百四十八条、第一百四十九条、第一百五十条关于重大误解、受欺诈或者受胁迫而实施的民事法律行为以及第一百五十一条关于显失公平的民事法律行为效力的规定。

根据上述规定，基于重大误解实施的民事法律行为，行为人有权请求人民法院或者仲裁机构予以撤销；一方以欺诈手段，使对方在违背真实意思的情况下实施的民事法律行为，受欺诈方有权请求人民法院或者仲裁机构予以撤销；第三人实施欺诈行为，使一方在违背真实意思的情况下实施的民事法律行为，对方知道或者应当知道该欺诈行为的，受欺诈方有权请求人民法院或者仲裁机构予以撤销；一方或者第三人以胁迫手段，使对方在违背真实意思的情况下实施的民事法律行为，受胁迫方有权请求人民法院或者仲裁机构予以撤销；一方利用对方处于危困状态、缺乏判断能力等情形，致使民事法律行为成立时显失公平的，受损害方有权请求人民法院或者仲裁机构予以撤销。根据民法典第一百五十五条的规定，被撤销的民事法律行为自始没有法律约束力。仲裁协议如果存在我国民法典规定的上述情形，当事人可以请求人民法院或者仲裁机构予以撤销。仲裁协议被撤销后，当事人之间就不受仲裁协议的约束。

二、关于正当程序权利

（一）正当程序权利的考察要素

仲裁程序应当符合正当程序和自然公正的要求，保障当事人获得公正审理的权利；当事人应当享有充分的陈述和申辩权。在仲裁司法审查实践中，人民法院对涉及正当程序权利问题的司法审查，主要是围绕以下两个方面进行的，即被申请人没有得到指定仲裁员或者进行仲裁程序的通知，或者由于其他不属于被申请人负责的原因未能陈述意见。

当事人是否接获适当通知与其申辩权的行使关系十分密切。通知的理论依据是参与原则。如果被告不知道他已经被起诉，则他无法参与诉讼。接获有关进行仲裁程序的通知是行使申辩权的前提，但行使申辩权又不是接获适当通知的必然结果。现代程序公正要求创造一种根据证据资料进行自由对话的条件和氛围，这样才可能使各种观点和方案得到充分考虑，实现优化选择。有关程序之适当通知的接获无疑是自由对话的前提。“通知的权益和发表意见的机会是如此之根本，以至于只有存在最重大的理由，并且尽一切可能保护被告的利益时，才可剥夺。”① 在仲裁实践中，出于种种因素的考虑，有时当事人虽然已经得到仲裁程序开始、进行的通知文件，但也不一定就程序或实体问题发表意见。从程序公正的角度考察，自由对话的条件已经被营造出来了，而选择权在当事人自己手中。

在仲裁程序进行当中，当事人是否接获适当通知应当从仲裁庭和当事人两个角度进行考察。从仲裁庭的角度，主要涉及仲裁庭是否合法、有效地将有关文件送达给当事人；从当事人的角度，则往往涉及送达的对象是否为当事人本人，如果委托了代理人，该代理人是否有权接受送达。关于仲裁庭是否给当事人以适当通知的判定标准问题。在当事人已经选定了仲裁所适用的仲裁规则的情况下，仲裁庭按照规则规定的方式和要求对当事人所作的通知一般应当认为是适当的。

（二）对于是否接到仲裁适当通知的判断标准

对于是否接到关于仲裁之适当通知的判断标准，应主要从以下几个方面考虑。

第一，在一般情况下，仲裁庭采取的送达方式是否足以产生有效送达的结果，相关案件中是否存在妨碍送达的特殊情况。例如，如果仲裁庭采取当面递交的方式，将有关文件交付当事人的负责文件收发的人，应当认为送达是适当的。在邮寄送达中，如果仲裁庭将有关文件邮寄至有关当事人的合法注册且正在进行营业活动的地址，该种送达一般也应认定为有效。

---

① ［美］麦克尔·D. 贝勒斯：《法律的原则——一个规范的分析》，张文显等译，中国大百科全书出版社 1996 年版，第 51 页。

第二，仲裁庭送达行为是否存在瑕疵以及该瑕疵产生的原因。送达程序中仲裁庭应当承担主要的管理与注意责任，但送达也需要受送达人乃至受送达人的对方当事人的配合，存在瑕疵的送达应当对以上几个方面都进行考察。如果仲裁机构或仲裁庭或对方当事人尽到了谨慎义务，仲裁文件按照仲裁规则规定的方式准确送到仲裁规则规定的被送达人的地址，在送达问题上送达方没有过错或疏忽，送达就应该是符合仲裁规则和法律规定的送达。至于因被送达人自己的过错或疏忽导致未能收到仲裁文件，例如，被送达人有意拒收，或者未将迁址事宜通知对方当事人、仲裁机构或仲裁庭，或未在工商部门办理变更登记就迁移地址，或者其营业地或住所地址处无人管理、无人居住等，由此所产生的后果应当由被送达人承担。在送达问题上，尽小心谨慎义务的不应当只是送达方和对方当事人，被送达人同样也应尽到小心谨慎义务。

第三，送达瑕疵是否足以影响仲裁的公正与当事人提出申辩的机会，该瑕疵是否在随后的仲裁程序中得到了弥补。实践当中，应当注意区分不至于影响当事人程序权利的一般瑕疵与违反正当法律程序瑕疵之间的界限。对这一方面内容的把握应当注意对禁止反言与放弃异议原则的重视。当事人如果在仲裁程序中本有机会提出异议而有意将该异议放在法院审查阶段提出，这种行为往往意味着对仲裁与诉讼资源的浪费与滥用。在仲裁实践中，有时会出现当事人可能没有收到某些仲裁文件的情况，但在随后的仲裁程序进行过程中，该文件没有接收并未影响当事人实体权利和程序权利的行使，并且当事人有机会对该问题提出意见。仲裁庭即使在送达仲裁通知的程序中存在瑕疵，但这可能并未影响到被申请人知晓仲裁程序的开始并实际参与仲裁，其在仲裁过程中完全有机会也有可能对该问题提出意见。如果仲裁过程可以体现送达瑕疵没有影响当事人申辩权的行使，则这种送达瑕疵一般不应成为否定裁决执行的考虑因素。

程序公正的另外一个方面，要求保证利益对立方自由对话状态的形成。从程序的本质特点观察，程序既不是形式性的也不是实质性的，而是过程性的和交涉性的，程序是交涉过程的制度化。[①] 仲裁程序的参加者如果完全缺乏立场上的对立性和竞争性，就会使讨论变得钝滞。对立面竞争的活动意味着不同的目标追求，这种竞争会强化仲裁程序参加者的动机，并促进程序的改善。[②] 当事人一方因其他原因未能陈述案情或提出申辩构成不予执行裁决的理由，这包含着两层意思：一是仲裁庭应该平等地对待双方当事人，给予双方当事人以同等充分地陈述其意见、案情或提出申辩的机会。仲裁庭未能给予一方当事人这种机会，就有可能构成程序不当而导致裁决被撤销或者不予执行。二是当事人必须积极有效地响应和对待仲裁庭给予的每一次机会。如果在仲裁庭适当通知了当事人尤其是被申请人之后，被申请人拒绝参加仲裁程序或者消极地对待仲裁程序，应该认定被申请人故意使其参加仲裁程序的机会丧失。仲裁庭据此进行的缺席审理和作出的缺席裁决是合法有效的。

三、关于仲裁庭的组成、仲裁程序与仲裁规则不符

对仲裁庭的组成、仲裁程序与仲裁规则不符问题的理解主要涉及三个基本概念，即仲裁庭的组成、仲裁程序与仲裁规则。三个概念之中，仲裁规则是基本概念，仲裁庭的组成、仲裁程序都是依托仲裁规则的规定而产生作用。

针对仲裁庭的组成，常见的撤销裁决以及不予执行抗辩事由主要包括：仲裁员数目，包括是否以三人仲裁庭或者独任仲裁庭作出裁决，三人是否实际参与了仲裁的裁判过程；仲裁员披露情况和合法资格，包括仲裁员是否依据当事人约定的仲裁规则进行披露，作出相应中立性或者独立性声明，是否做到了中立、客观裁判等。

针对仲裁程序，常见的撤销裁决以及不予执行抗辩事由主要包括：通知与送达程序，包括是否送达合理的联系人、以何种形式发出通知和

---

① 参见季卫东：《法律程序的意义——对中国法制建设的另一种思考》，中国法制出版社2004年版，第33页。

② 参见杨弘磊：《中国内地司法实践视角下的〈纽约公约〉问题研究》，法律出版社2006年版，第259页。

申请；是否参照当事人约定与案涉仲裁规则，在相应时限内完成相关程序，尤其是审理期限和作出裁决的期限；是否以适当的仲裁员人数作出多数决或一致决；是否在听证程序中存在瑕疵；等等。[①]

仲裁规则是指当事人和仲裁庭在仲裁过程中必须遵守的操作规则，是双方当事人和仲裁庭在仲裁的整个过程中所应遵循的行为规范的总和。它包括仲裁申请的提出、仲裁员的选定、仲裁庭的组成、仲裁裁决的作出等内容。适用不同的仲裁规则，可能会产生不同的仲裁结果，当事人在签订仲裁协议时，应明确约定有关仲裁所应适用的规则，以确保仲裁程序的顺利进行。[②] 仲裁规则对裁决的执行特别重要。仲裁程序违反仲裁法规定、仲裁规则规定或者仲裁协议约定，达到影响公正裁决的程度的，应认定为违反法定程序。[③]

四、关于超裁与无权仲裁

仲裁庭的权力是有限的，其行使权力的依据除了当事人之间有效仲裁协议的授权外，还要受到特定国家或地区仲裁法的约束。如果仲裁庭对超出仲裁协议范围或者不能仲裁的事项进行了仲裁，其作出的仲裁裁决可能被“仲裁本座地”法院撤销或者不予执行。

（一）关于超裁

超裁，是指仲裁庭超越权限作出裁决。[④] 主要存在以下两种情形。

第一种情形是超出仲裁协议约定的范围。仲裁协议是仲裁管辖权的基础，仲裁庭不能对仲裁协议范围之外的事项进行仲裁。在大多数的仲裁条款中，对仲裁事项的约定都表述为“因本合同引起的争议”或“与

① 参见中国国际仲裁 30 人编著：《1958 年〈承认与执行外国仲裁裁决公约〉（《纽约公约》）理论与适用》，法律出版社 2020 年版，第 152 页。

② 参见杨弘磊：《中国内地司法实践视角下的〈纽约公约〉问题研究》，法律出版社 2006 年版，第 244 页。

③ 参见最高人民法院民事审判第四庭编：《最高人民法院商事仲裁司法审查年度报告（2019）》，人民法院出版社 2021 年版，第 35~36 页。

④ 参见林一飞：《仲裁裁决抗辩的法律与实务》，武汉大学出版社 2008 年版，第 151 页。

本合同有关的一切争议”。什么是“与合同有关的一切争议”?《仲裁法司法解释》第二条规定:“当事人概括约定仲裁事项为合同争议的,基于合同成立、效力、变更、转让、履行、违约责任、解释、解除等产生的纠纷都可以认定为仲裁事项。”从该规定的精神看,在对仲裁协议约定的仲裁事项的解释上,通常采用的是广义的、尽可能宽泛的、有利于仲裁的解释方法。如果仲裁裁决超出了仲裁协议约定的范围,则可以认定存在超裁情形。

第二种情形是超出当事人仲裁请求的范围。按照私权自治理念和处分权原则,当事人向裁判者提出的权利请求,确定了裁判者的审理范围和裁判对象。通常情况下,仲裁庭根据当事人的仲裁请求进行审理并作出裁决。对当事人没有请求的事项,仲裁庭不得进行仲裁,否则也将构成超裁。当事人提请仲裁的事项,既包括仲裁申请人的请求仲裁的事项,也包括被申请人反诉请求仲裁的事项。

(二) 关于无权仲裁

无权仲裁,主要涉及争议事项的可仲裁性问题。关于争议的可仲裁性,是指仲裁作为一种解决纠纷的方式,可以解决哪些争议而不能解决哪些争议。一般认为,可仲裁性问题实际上是一国法律对仲裁范围所施加的限制。可仲裁争议是一个国家允许以仲裁解决的争议,不可仲裁争议是一个国家以法律禁止仲裁,并坚持以国家法院(或其他法定机构)审理的争议。传统上,对可否仲裁的判断是以法定请求与契约请求的区分为基础的。基于契约的争议,通常涉及的是契约的成立、契约适用的法律、契约的履行和违约责任等,关涉的是私人可以自由处分的权利,可以通过协议交付仲裁。而基于法律(制定法)的争议,如基于破产法、竞争法、货币交易法、进出口法、税法等产生的争议,通常处于可以协议仲裁解决的范围以外,不具有可仲裁性。① 例如,法国民事诉讼法第

① See Thomas E. Carbonneau with François Janson, “Cartesian Logic and Frontier Politics: French and American Concepts of Arbitrability”, in 2 *Tul. J. Int'l & Comat L.* 193 (1994), at 196.

1442 条、第 1447 条、第 1493 条规定，凡因当事人能自由规定的权利所引起的一切争议，都可以作为仲裁的内容。但商标权等知识产权争议除外。

关于可仲裁性问题，理论界通常认为，争议若具有以下三方面特质就属于可仲裁的范畴。

其一，争议具有可争讼性。可争讼性确定了发生于当事人之间纠纷事项的性质，如果争议可以通过诉讼的方式加以解决，那么也就可以纳入具有“准司法”属性的仲裁的调整范围。根据此标准，认定公民民事能力案件和认定财产无主案件等非诉讼案件，以及专利、商标等知识产权权属确认案件就被排除在可仲裁事项范围之外。因为这些案件不是当事人之间发生的争议，而是一方申请人要求确认某种法律事实或权利的存在。

其二，争议具有可赔偿性。即争议的解决结果会导致财产关系的发生而非只涉及法律状态和法律事实的存在。可赔偿性表明了争议的财产属性和私法属性。在诉讼范围内，有些争议虽然可以通过诉讼的方式加以解决和确认，但是解决的结果只涉及法律状态和法律事实的存在而不能导致财产关系的发生，因此不具有可赔偿性。诸如有关身份地位、家庭关系和选民名单等争议，就被排除在仲裁范围之外。

其三，争议具有可和解性。仲裁是当事人通过仲裁协议对彼此之间的争议自行选择的处理方式，这说明当事人对争议所涉及的权利及其处理方式可以自主决定。对于当事人不能自行处理或不能通过和解解决的争议则不允许交付仲裁，例如刑事案件、税收案件等。这是因为仲裁主要是一种解决私法上争议的方式，而当事人不能自由处分的权利和不能通过和解解决的争议均有可能涉及社会公共利益，而不属私法或商事关系的范畴。奥地利民事诉讼法第 557 条规定：“在当事人有权就争议的标的达成和解的范围内，规定某一法律争议应由……仲裁员解决的协议是有效的。”①

---

① 杜焕芳：《论国际商事仲裁裁决的撤销理由及其发展趋势》，载中国国际经济贸易仲裁委员会等主办：《仲裁与法律》（总第 86 期），法律出版社 2003 年版，第 74 页；陈治东：《国际商事仲裁法》，法律出版社 1998 年版，第 300 页。

从我国仲裁法的现有规定来看，既以概括方式规定了可以仲裁的事项，也以列举的方式规定了不能仲裁的内容，即“平等主体的公民、法人和其他组织之间发生的合同纠纷和其他财产权益纠纷，可以仲裁”。“下列纠纷不能仲裁：（一）婚姻、收养、监护、扶养、继承纠纷；（二）依法应当由行政机关处理的行政争议。”对于“其他财产权益纠纷”应当作广义解释，其既包括因侵权行为引发的争议，也包括因无形资产如知识产权等引发的争议。在否定事项方面，排除人身关系色彩浓厚的婚姻、继承等纠纷的仲裁管辖权是与国际上绝大多数国家相类似的。但是，如果在人身关系之外，仅仅涉及财产关系的争议是否可以通过仲裁解决？有观点对类似婚姻纠纷中的财产分配等问题通过仲裁解决持肯定态度。但考察我国仲裁法的立法本意以及世界其他国家的有关规定，类似上述纠纷的解决实际上是完全排除仲裁的，并没有将纠纷中的人身关系与财产关系分开规定。实际上，上述纠纷中即使涉及财产争议，往往也是与人身关系密不可分，不能简单地归为“其他财产权益纠纷”的范畴。“应当由行政机关处理的行政争议”，实践中常见的往往是与行政机关的行使职权行为密切相关，例如，商标权属纠纷中往往涉及有关商标主管部门的赋权行为的正当性，将此类纠纷排除在仲裁管辖范围之外是不难理解的。又如，宣告专利无效或者撤销的请求不能提交仲裁解决，因为这样的程序往往涉及经由行政程序授予的权利，不宜由当事人协议处分。这类权利应该通过司法途径解决，因为司法途径能够建立或改变不仅对当事人而且对所有人都产生效力的法律关系。①

另外，我们应当意识到，可仲裁性是一个不断发展变化的问题，应当以历史的观点、发展的观点去认识和判断，这是由可仲裁性问题本身的性质决定的。可仲裁性问题的实质，就是国家出于公共政策的考虑而对仲裁事项的限制措施，其目的在于在特定的时期将处理某些特定事项的权力无条件地保留给法院，以体现国家对这些事项的强有力控制。公

① See Daniel Paul Simms, “Arbitrability of Intellectual Property Disputes in Germany”, in *Arbitration International*, Vol. 15, No. 2 (1999), at 194 to 197.

共政策本身处在不断的发展变化之中，与公共政策问题联系极为紧密的可仲裁性问题也随着国家公共政策的变化而发展变化。一些在传统观点中不可仲裁的事项也不断松动。例如，美国联邦第二巡回上诉法院在 Kakiuckhi 和 Kakiuehi 诉杰纳斯科公司一案的判决中认为：不当得利、不正当竞争、欺诈行为等均属于可仲裁事项。① 有关破产的争议在大多数国家为不可仲裁的事项，但近来各国出现了区别对待破产争议的趋势：如确定受偿顺序等涉及破产程序的争议仍只能由法院专属管辖，但是涉及债权人与破产人之间的债权债务纠纷已经逐渐被接受可以提交仲裁解决了。这一方面典型的国家如芬兰和美国。

在我国法院的司法实践中，20 世纪 80 年代，人民法院认为尽管合同中有仲裁条款，但由于案件的性质被认为是侵权行为，所以仲裁条款无效，法院对争议享有管辖权，从而确立了侵权争议不可仲裁的理念。② 1998 年，最高人民法院在江苏省某集团轻工纺织总公司诉（香港）裕某集团有限公司、加拿大某发展有限公司侵权损害赔偿纠纷一案中，确认在当事人之间存在有效仲裁条款的情况下，即使当事人认为对方在履行合同过程中实施侵权行为，有关各方仍应受仲裁条款的约束。这一案件改变了上述侵权行为不可仲裁的观点。

五、关于社会公共利益的认定

（一）关于社会公共利益的内涵

人民法院认定裁决违背社会公共利益的，裁定撤销或者不予执行。社会公共利益或者公序良俗一般是大陆法系的概念，通常指的是社会赖以建立的根本原则或价值。英美法系称之为“公共政策”，大多是指自由、平等、公平、自然正义等一些社会内在的价值观。从各国法律规定的情况看，对公共政策（公序良俗）条款的规定均表现出“弹性”的特

① 参见乔欣：《仲裁权研究：仲裁之程序公正与权利保障》，法律出版社 2001 年版，第 86 页。

② 参见中国某进出口公司诉瑞士某资源公司一案，载《最高人民法院公报》1989 年第 1 期。

点。尽管各国对社会公共政策（公序良俗）条款普遍作了规定，但是普遍没有明确界定公共政策（公序良俗）的内涵和外延，也没有规定其适用的具体标准和范围。[①]

我国合同法第五十二条[②]、现行仲裁法第五十八条、民事诉讼法第二百四十四条、第二百八十一条均采用了“社会公共利益”的提法。我国民法典以“公序良俗”代替了“社会公共利益”的表述。具体在立法表述方面，民法典第八条规定，民事主体从事民事活动，不得违反法律、不得违背公序良俗。第一百四十三条规定：“具备下列条件的民事法律行为有效：……（三）不违反法律、行政法规的强制性规定，不违背公序良俗。”民法典第一百五十三条第二款规定，违背公序良俗的民事法律行为无效。可见，我国民法典将不得违背公序良俗确定为民事活动应当遵循的基本原则之一，体现了立法者致力于通过立法手段维护公共秩序和道德伦理的价值取向。

在仲裁司法审查领域，我国仲裁法第五十八条规定，人民法院认定该裁决违背社会公共利益的，应当裁定撤销。民事诉讼法第二百四十八条、第二百九十一条规定，人民法院认定执行该裁决违背社会公共利益的，裁定不予执行。

在比较法上，最早将公共秩序和善良风俗并称为“公序良俗”的是法国民法典。该法第6条规定：“个人的约定不得违反有关公共秩序和善良风俗的法律。”德国民法典沿用罗马法的做法，只有“善良风俗”而无“公共秩序”的概念。德国民法典第138条第1款规定：“违反善良风俗的法律行为无效。”日本民法典并用“公共秩序”和“善良风俗”概念。日本民法典第90条规定：“违反公共秩序和善良风俗的法律行为无效。”在英美法上，与公序良俗相当的是公共政策。[③] 公共政策（公共秩序）是

① 参见万鄂湘主编：《〈中华人民共和国涉外民事关系法律适用法〉条文理解与适用》，中国法制出版社2011年版，第44页。

② 现为民法典第二百五十五条。

③ 参见最高人民法院民法典贯彻实施工作领导小组主编：《中华人民共和国民法典总则编理解与适用》，人民法院出版社2020年版，第760页。

一个关系时间和地域的概念，由于政治制度和文化传统的差异，不同的国家可能对公共政策（公序良俗）的内涵有不同的解释，而且，即便是在同一个国家，其公共政策（公序良俗）的内涵也会随着社会的发展而变化。虽然表达方式存在不同，但是基本内涵都是一样的。从公共政策概念的具体适用方式考察，无论以法律基本原则、公序良俗还是社会公共利益来归纳公共政策，适用公共政策对某种行为或其结果进行否定性评价，并达至维护国家或社会的重大利益或者法律和道德的基本原则之目标，是没有什么争议的。

（二）关于社会公共利益的特点

总体来说，各国在司法审查领域对社会公共利益（公共政策或者公序良俗）的适用呈现出如下特点。

1. 强调公共政策（公序良俗）概念的根本性和系统性

这主要体现在强调这个概念反映的是一个国家或社会的重大利益或者法律和道德的基本原则。仲裁司法审查视角下公共政策的公共性和系统性，主要指仲裁裁决是否违反以社会公众为利益主体，涉及整个国家、社会层级的政治、法律、经济、文化、道德等方面的共同利益。有的观点认为，公共政策的适用应维护社会的基本价值观。社会基本价值观是一个社会赖以存在与发展的基础。社会基本价值观涉及一国法律的基本制度、经济和社会生活基本原则、社会的基本道德和伦理等。比如，大多数国家法律均规定，从事民事行为应当遵守诚实信用原则以及善良风俗原则，这些原则应当作为社会基本价值观的组成部分。①

2. 强调公共政策（公序良俗）适用的时代性和差异性

公共政策（公序良俗）是一个随着一整套复杂的价值观念体系之变化而不断变化的概念。由于“任何国家与法律制度的变化都以价值观、

① 参见宋建立：《公共政策在仲裁司法审查中的适用》，载《人民司法（应用）》2018年第1期。

世界观以及意识形态的变化为基础”①，所以，公共政策作为实现利益评价的手段也处在不断的发展变化之中。公共政策的时代性主要体现在时间方面的变化性，即使是同一国家，在不同历史时期对公共政策的理解也是不同的，公共政策的含义是因时而异的。这对公共政策的实践适用提出了相当高的要求。在仲裁司法审查涉及公共政策的适用过程中，“一旦过去的价值判断不再与现在的价值判断相一致，那么遵循先例与正义之间就会发生冲突。在这种情形下，在尊重先例与服从正义之间维持一种有益的平衡这一棘手任务，由司法机关承担”。② 公共政策的差异性主要体现在地域方面的不同，不同的国家对公共政策的理解是不同的，可以构成该国公共政策的内容是不同的。

仲裁司法审查实践，只有充分注意公共政策适用的时代性和差异性特征，才能够充分发挥公共政策解决“永远无法消除的法律形式相对持久的完备与法律内容对人类根本要求相对无法满足之不和谐”的基本功能，也才能够实现公共政策之“人们面对法律本身的局限性与人类根本追求在绝对意义上的不确定之间所能做的最为理性的选择”③ 的价值功能。

3. 强调公共政策（公序良俗）适用的能动性和限制性

我国台湾地区学者王泽鉴认为，公共秩序或善良风俗者，指社会一般利益或道德观念而言，为使法律适用能够客观合理，原则上应分别判断其所违背者究竟为公共秩序，还是善良风俗。应就法律行为的内容、附随情况以及当事人的动机、目的及其他相关因素综合判断。④ 司法实践对于公共政策概念的实践发展具有能动作用，对于公共政策之探究的主要着眼点放在法院的司法实践上正是因为法院的实践胜过在此问题上一

---

① ［德］伯恩·魏德士：《法理学》，丁小春、吴越译，法律出版社 2003 年版，第 23 页。

② ［美］E. 博登海默：《法理学：法律哲学与法律方法》，邓正来译，中国政法大学出版社 1999 年版，第 327 页。

③ 杨弘磊：《中国内地司法实践视角下的〈纽约公约〉问题研究》，法律出版社 2006 年版，第 347 页。

④ 参见王泽鉴：《民法总则》，中国政法大学出版社 2001 年版，第 290~291 页。

切理论的思考和科学的假设。① 同时，公共政策的性质也决定了法院在执行与适用法律的过程中，在根据案件具体情况的变化能动地运用与发展法律的同时，也必须置身于一定的制度化空间之中，并在受到种种制度的程序的制约前提下才能发挥自己的主动性。② 也就是说，法院必须关注某些超越特定社会结构和经济结构相对性的基本价值，并且关注对于这个抽象的法律规定的解释在形塑人们的行为或为法律裁判提供一种渊源方面是否有效。只有这样，这种能动作用才能在维系相对静止的法律内容与不断变化的社会生活之妥贴协调方面起到不可替代的作用。

六、关于“隐瞒证据”的认定

较之于涉外仲裁裁决，人民法院对于国内仲裁裁决的司法审查事由，多了对伪造证据、隐瞒证据、仲裁员枉法裁决等事由的审查。上述事由除涉及程序性事项的审查之外，还涉及一定程度的实体审查。下面将以隐瞒证据为例作一分析。

（一）隐瞒证据的构成要件

仲裁法第五十八条“对方当事人隐瞒了足以影响公正裁决的证据的”和民事诉讼法第二百四十八条“对方当事人向仲裁机构隐瞒了足以影响公正裁决的证据的”为撤销和不予执行国内仲裁裁决的事由。2018 年 3 月 1 日起施行的《最高人民法院关于人民法院办理仲裁裁决执行案件若干问题的规定》（法释〔2018〕5 号，以下简称《仲裁规定》）第十六条第一款规定了认定构成“对方当事人向仲裁机构隐瞒了足以影响公正裁决的证据的”情形的三项要件：“（一）该证据属于认定案件基本事实的主要证据；（二）该证据仅为对方当事人掌握，但未向仲裁庭提交；

① 参见杨弘磊：《中国内地司法实践视角下的〈纽约公约〉问题研究》，法律出版社 2006 年版，第 341~342 页。

② 参见王亚新：《民事诉讼中的依法审判原则与程序保障》，［日］谷口安平：《程序的正义与诉讼》，中国政法大学出版社 1996 年版，代译序。

（三）仲裁过程中知悉存在该证据，且要求对方当事人出示或者请求仲裁庭责令其提交，但对方当事人无正当理由未予出示或者提交。”上述司法解释主要是对民事诉讼法执行程序中涉及国内仲裁裁决执行程序，如何判断隐瞒证据这一不予执行事由标准的细化。但是民事诉讼法并未涉及仲裁裁决的撤销问题。仲裁法第五十八条将“对方当事人隐瞒了足以影响公正裁决的证据的”作为撤销裁决事由之一。因为，在尚未明确《仲裁规定》第十六条可以适用于国内仲裁裁决撤销程序的情况下，在国内仲裁裁决的撤销问题上，如何判断隐瞒证据实践中存在不同观点和做法。

《仲裁规定》第十六条没有解决撤销仲裁裁决问题，但是撤销与不予执行仲裁裁决涉及的隐瞒证据系同一概念，原则上对同一概念应作同一理解。《仲裁规定》第十六条关于国内仲裁裁决执行程序中隐瞒证据的认定标准可应用于撤销程序中。《仲裁规定》第十六条第一款规定了“对方当事人向仲裁机构隐瞒了足以影响公正裁决的证据”的若干条件，确立了隐瞒证据判断的三项先决条件，其中之一的“仲裁过程中知悉存在该证据，且要求对方当事人出示或者请求仲裁庭责令其提交，但对方当事人无正当理由未予出示或者提交”，即当事人在知悉存在相应证据的情况下，应当采取明确的要求出示（披露）或者提交的行为。这样进行制度设计的目的，理由是我国仲裁法尚没有关于仲裁当事人必须出示包括不利于己方证据在内全部证据的规定。按照仲裁法的规定，当事人可以出示不利于自己的证据。因此，除非一方当事人在仲裁过程中知悉存在相关证据，并且明确要求对方当事人出示或者请求仲裁庭责令其提交而对方当事人无正当理由未提交，才构成法律意义上的隐瞒，即司法解释确立了判断隐瞒证据成立的先决条件是一方当事人可以提出要求对方当事人出示或者请求仲裁庭责令其提交证据的证据披露请求。

在实践中，当一方当事人欲证明其主张依据的证据为对方当事人所掌握时，实际存在客观举证不能的情形。“要求披露”的性质是提示仲裁庭相关证据的存在，使仲裁庭全面了解证据情况，从而作出公平公正裁决。“要求披露”或者请求仲裁庭责令对方提交证据，实质上是因己方举证不能，以提出披露请求的方式，将出示证据的义务转由持有证据的一方当事人承担。可以说，有关要求披露行为是判断不持有证据的一方当事人有无尽到主张义务的重要外在表现。换句话说，A 提出披露请求是要求持有证据的 B 出示其持有的证据来为 A 自己的主张进行证明。

可以认为，不持有证据的一方当事人要求持有证据的一方当事人出示证据或者请求仲裁庭责令其提交证据的行为，具有重要的法律意义。第一，一方当事人提出指向明确的披露请求，上述请求涵盖了详细的证据描述，该证据与证明对象的相关性和实质联系，以及该证据仅处于对方当事人占有、保管和控制之下等内容，那么披露证据的负担即施加给对方当事人，同时将可能构成隐瞒证据的法律后果由对方当事人承担。第二，如果一方当事人没有提出披露请求，那么对方当事人不负有出示证据的义务。也就是说，没有提出披露请求，则无法完成证据披露义务的转化过程，没有完成“谁主张，谁举证”的逻辑环节。第三，对于仲裁庭而言，一方当事人没有提出披露请求，仲裁庭则无法获知对方当事人可能持有证据的情况，而只能根据现有证据对案件的事实进行判断。披露请求的提出，有助于仲裁庭全面了解证据情况，从而作出客观公正的裁决。第四，对持有证据的一方当事人而言，只有对方当事人要求披露证据或者仲裁庭责令其提交证据，持有证据的一方当事人才有披露证据的负担，如果没有证据披露主张的存在，那么持有证据的一方当事人未披露与己方主张无关的证据一般不承担不利后果。

隐瞒证据的构成要件除具备要求披露的事实之外，还要求当事人有证据证明对方当事人持有特定证据，即要明确被隐瞒证据的名称、该证据所证明的事实、证据的内容，对方当事人控制该证据的事由以及对方当事人应当提供该证据的理由。如果仅是主张证据为对方当事人掌握，而没有提供证据证明，则不能认定对方当事人构成隐瞒证据。隐瞒证据的另外一个构成要件是，证据应属于认定案件基本事实的主要证据，这涉及证据与待证事实的关联性和证明力问题。

（二）“足以影响公正裁决的证据”的认定

在仲裁程序中一方当事人提出证据披露请求，只是判断对方当事人是否构成隐瞒证据的一个前提条件，仲裁裁决是否应予撤销或者不予执行，尚须审查隐瞒的证据是否足以影响公正裁决。我国仲裁法第五十八条、民事诉讼法第二百四十一条将对方当事人“隐瞒了足以影响公正裁决的证据”作为撤销或者不予执行国内仲裁裁决的事由。所谓足以影响公正裁决的证据，是指直接影响最终裁决结论的证据。这些证据通常与仲裁案件所涉及的纠纷或争议的焦点或重要情节有关联，直接影响仲裁庭对案件的判断。如果一项被隐瞒的证据涉及案件基本法律关系、基本法律事实的判断和对责任的正确划分，那么该证据可以视为足以影响裁决的公正性和准确性的证据。一方当事人为了自身利益，如果隐瞒这些可能对他人有利且不为他人所掌握的证据，那么仲裁庭对事实的判断、对法律的适用以及对责任的划分等，就会与真实情况不符，在此基础上所作的裁决必定对另一方当事人不公正、不合理。如果对方当事人隐瞒的证据不涉及基础法律关系和基础法律事实的认定，不严重影响当事人之间的责任承担，只是对裁决结果产生轻微影响，不应当依法撤销或者不予执行仲裁裁决。

事实上，对于因隐瞒证据涉及的裁决撤销或者不予执行，法院只需就证据本身进行审查，并不需要对全部案件的事实进行全面复查。否则即便法院认为案件在仲裁裁决的实体上存在问题，但若就案件的事实难以看出是否以当事人隐瞒足以影响公正裁决之证据作为其裁判的依据，则其实体问题也不能构成撤销或者不予执行仲裁裁决的理由（伪造的证据除外）。在仲裁司法审查实践中，要避免从结果入手，先替代仲裁庭对结果是否公正进行判断，再为隐瞒等事实寻找证据。法院应坚持司法审查的中立性、有限性原则，避免介入事实认定过程和证据采信范围。

中国国际商事仲裁司法审查案例及所涉法律问题

最高人民法院民事审判第四庭课题组*

本部分由最高人民法院民事审判第四庭课题组根据各高级人民法院上报的案件及数据，结合中国裁判文书网、其他互联网途径以及其他途径公开（截至 2023 年 6 月 30 日）的生效仲裁司法审查裁判文书，针对过去一年国际商事仲裁司法审查案件的案件事实和适用法律进行回顾分析，并就所涉重要法律问题予以评述。

2022 年，全国法院新收涉外及涉我国港澳台地区仲裁司法审查案件 364 件。其中，涉外案件 203 件，涉我国香港特别行政区案件 135 件，涉我国澳门特别行政区案件 8 件，涉我国台湾地区案件 18 件。以上案件，占全国法院全部新收仲裁司法审查案件（13585 件）的 2.68%。

上述案件主要涉及的事实及法律问题如下。

一、申请确认涉外及涉我国港澳台地区仲裁协议效力相关法律问题

（一）确认涉外及涉我国港澳台地区仲裁协议效力的准据法

在申请人祥某地产集团有限公司（以下简称祥某公司）与被申请人

---

* 课题组成员为最高人民法院民事审判第四庭二级高级法官杨弘磊、二级高级法官助理李娜。李娜执笔。

闪某第七有限公司、安吉某置业有限公司、温岭某房地产开发有限公司、合肥某置业有限公司申请确认仲裁协议效力案"[①] 中，案涉《担保函》、质押协议一、质押协议二均约定，争议应提交中国国际经济贸易仲裁委员会根据届时有效的仲裁规则在北京通过仲裁解决。申请人认为：案涉主合同与担保合同约定的管辖条款不一致，案涉仲裁条款无效。法院认为：仲裁协议是当事人选择争议解决方式的自由意志体现，合法有效的仲裁协议是仲裁机构合法处理当事人之间争议的前提。根据《最高人民法院关于适用〈中华人民共和国仲裁法〉若干问题的解释》（以下简称《仲裁法司法解释》）第十六条的规定："对涉外仲裁协议的效力审查，适用当事人约定的法律；当事人没有约定适用的法律但约定了仲裁地的，适用仲裁地法律；没有约定适用的法律也没有约定仲裁地或者仲裁地约定不明的，适用法院地法律。"由于《担保函》、质押协议一、质押协议二中均未约定审查仲裁协议的适用法律但约定了仲裁地，故应当适用仲裁地即中华人民共和国的法律作为审查案涉仲裁协议效力的准据法。本案中，案涉仲裁协议中约定有明确的仲裁意思表示、仲裁事项和仲裁机构，符合仲裁法第十六条规定的仲裁协议合法有效的形式要件和实质要件，且不存在仲裁法第十七条规定的仲裁协议无效之情形，应当认定为合法有效。对于祥某公司提出的担保合同中约定的争议解决方式与主合同不一致的理由，以及主合同可能无效故而担保合同也可能归于无效的理由，均不属于影响仲裁协议效力的事由。因此，裁定驳回祥某公司的申请。

在申请人唐某俊与被申请人 CGC Management Limited 申请确认仲裁协议效力案（以下简称唐某俊确认仲裁协议效力案）[②] 中，CGC Management Limited 与唐某俊签署《有限合伙协议》，其中第 12.11 条关于争端解决约定，因本协议引起的或与本协议有关的任何争议、纠纷或索赔，包括对本协议的解释、违约、终止或有效性，均应提交北京仲裁委员会，

---

① 北京市第四中级人民法院（2022）京 04 民特 650 号民事裁定书。

② 北京金融法院（2022）京 74 民特 21 号民事裁定书。

并根据其仲裁开始之日有效的仲裁规则进行仲裁并最终解决。法院认为，案涉仲裁条款系涉外仲裁条款。人民法院对涉外仲裁协议的效力审查，首先需要确认适用的准据法，然后再根据选定准据法中有关仲裁协议效力的认定规则作出裁判。涉外民事关系法律适用法第十八条规定："当事人可以协议选择仲裁协议适用的法律；当事人没有选择的，适用仲裁机构所在地法律或者仲裁地法律。"《仲裁法司法解释》第十六条规定："对涉外仲裁协议的效力审查，适用当事人约定的法律；当事人没有约定适用的法律但约定了仲裁地的，适用仲裁地法律；没有约定适用的法律也没有约定仲裁地或者仲裁地约定不明的，适用法院地法律。"《最高人民法院关于审理仲裁司法审查案件若干问题的规定》第十三条规定："当事人协议选择确认涉外仲裁协议效力适用的法律，应当作出明确的意思表示，仅约定合同适用的法律，不能作为确认合同中仲裁条款效力适用的法律。"根据仲裁条款独立性及司法实践中掌握的普遍原则，当事人约定合同适用的法律不能当然视为确定合同中仲裁协议效力的准据法。在《有限合伙协议》中未就仲裁条款效力适用的法律以及仲裁地进行明确约定，仅明确选定北京仲裁委员会作为争议解决机构的情形下，由于北京仲裁委员会和法院所在地均为中华人民共和国，故适用中华人民共和国法律对案涉仲裁协议进行效力审查。

法院在审理确认涉外仲裁协议效力案件时，确定仲裁协议准据法的依据是涉外民事关系法律适用法第十八条。根据该条的规定，当事人可以协议选择仲裁协议适用的法律；当事人没有选择的，适用仲裁机构所在地法律或者仲裁地法律。《最高人民法院关于适用〈中华人民共和国涉外民事关系法律适用法〉若干问题的解释（一）》（以下简称《法律适用法司法解释一》）第十四条（2020 年修正后为第十二条）进一步明确，在仲裁机构或者仲裁地没有约定或者约定不明时，适用中华人民共和国法律认定该仲裁协议的效力。由此可知，确认仲裁协议效力的准据法按照优先等级顺序，依次为当事人协议选择的法律—仲裁机构所在地或者仲裁地法律—我国法律。涉外民事关系法律适用法自 2011 年 4 月 1

日起施行。根据《法律适用法司法解释一》第二条的规定，对于该法实施以前发生的涉外民事关系，人民法院应当根据该涉外民事关系发生时的有关法律规定确定应当适用的法律。就确认仲裁协议效力问题，则应适用《仲裁法司法解释》第十六条确定应当适用的准据法。

《仲裁法司法解释》第十六条与涉外民事关系法律适用法第十八条并无实质性差别。根据上述两条规定的原则，当事人约定的法律应优先适用，没有约定或者约定不明时，适用仲裁地法。与涉外民事关系法律适用法第十八条不同的是，《仲裁法司法解释》第十六条虽然未提及仲裁机构所在地法律的适用，但其规定准据法选择的第三顺位为法院地法，在我国法院审理的仲裁协议效力判断案件中，法院地法即我国法律。此外，在当事人约定的仲裁机构为国内仲裁机构的情况下，“仲裁机构所在地”亦是确定且无争议的。

至于确认涉港澳台仲裁协议效力案件，根据《法律适用法司法解释一》第十九条（2020 年修正后为第十七条）的规定，涉及香港特别行政区、澳门特别行政区的民事关系的法律适用问题，参照适用涉外民事关系法律适用法的规定。《最高人民法院关于审理涉台民商事案件法律适用问题的规定》（以下简称《涉台规定》）第一条规定：“人民法院审理涉台民商事案件，应当适用法律和司法解释的有关规定。根据法律和司法解释中选择适用法律的规则，确定适用台湾地区民事法律的，人民法院予以适用。”最高人民法院有关负责人就《涉台规定》答记者问中指出，《涉台规定》所称的“选择适用法律的规则”，是指参照适用的涉外民商事关系的法律适用规则，即冲突规则，包括民法通则第八章以及涉外民事关系法律适用法等规定的内容。由此可知，人民法院审理确认涉港澳台仲裁协议效力案件，均应参照适用涉外案件的相关规定。

（二）当事人之间是否达成仲裁合意

在申请人 Indagro 有限公司（Indagro SA）与被申请人上某企业有限

公司（以下简称上某公司）申请确认仲裁协议效力案[①]中，Indagro 有限公司与上某公司签订销售合同，合同约定，争议提交中国国际经济贸易仲裁委员会，按照其仲裁规则在中国进行仲裁。申请人 Indagro 有限公司认为，销售合同并非其与上某公司订立，双方之间未就仲裁达成合意，请求法院依法确认双方之间不存在有效仲裁协议。上某公司则主张，销售合同约定了仲裁协议，该仲裁协议符合仲裁法第十六条的规定，且不存在仲裁法第十七条规定的无效情形。法院认为，仲裁协议是当事人选择争议解决方式的自由意志体现，合法有效的仲裁协议是仲裁机构合法处理当事人之间争议的前提。法院根据经过公证认证的上某公司主体材料以及销售合同的具体签订情况，认定在销售合同中加盖印章的上某公司与本案被申请人为同一主体，上某公司是销售合同中的一方主体。而且除上某公司与 Indagro 有限公司之外，销售合同中并不存在其他第三方主体的名称。另外，销售合同首部载有上某公司的名称，故可以认定 Indagro 有限公司在加盖公司印章之前具有获知并核实合同相对方主体情况的充分机会，不存在产生误解的事实基础。再结合双方当事人均对销售合同中所加盖公司印章真实性的认可，法院认为 Indagro 有限公司与上某公司均具有将销售合同所涉争议提交仲裁解决的真实意思表示。案涉仲裁协议中约定了明确的仲裁事项和仲裁机构，符合仲裁法第十六条规定的仲裁协议合法有效的形式要件和实质要件，且不存在仲裁法第十七条规定的仲裁协议无效之情形，应当认定为合法有效。综上所述，法院认定双方之间存在合法有效的仲裁协议。

仲裁协议本质上是一种合同，判断双方是否就仲裁达成合意，应当适用民法典合同编关于要约、承诺的规定。承诺生效时合同成立，即意思表示达成一致时合同成立。就仲裁协议而言，如果当事人未达成提交仲裁的合意，则仲裁协议不成立，当事人不能通过仲裁解决争议。仲裁协议成立是仲裁协议生效的前提。因此，当事人以不存在仲裁协议为由

---

① 北京市第四中级人民法院（2022）京 04 民特 584 号民事裁定书。

申请确认仲裁协议效力，也应纳入仲裁司法审查的范围。需要注意的是，仲裁协议无效与不存在仲裁协议是两个不同的问题，在实践中，当事人有时主张未达成仲裁合意，此时的审查要点应当是仲裁协议是否成立。

（三）仲裁协议适格主体的认定

在申请人 Slack & Parr Ltd. 与被申请人斯某精密机械（香港）有限公司（以下简称斯某公司）申请确认仲裁协议效力案①中，Slack & Parr Ltd. 请求法院依法确认其与斯某公司之间不存在仲裁协议。法院查明，斯某公司与香港威某实业发展有限公司（以下简称威某公司）签订《委托书》，约定斯某公司委托威某公司代为向 Slack & Parr Ltd. 采购齿轮泵设备及配件。威某公司与 Slack & Parr Ltd. 签订编号为 W－TANGU－180425 的案涉合同。该合同约定，争端应提交在北京的中国国际经济贸易仲裁委员会依据仲裁委员会的规则和程序解决。案外人吉林碳某股份有限公司（以下简称吉林碳某公司）、斯某公司、Slack & Parr Ltd. 签订《齿轮泵处理协议》，该协议中争议解决条款约定，争议提交中国国际经济贸易仲裁委员会按照该会届时有效的仲裁规则予以仲裁。法院认为，在威某公司与 Slack & Parr Ltd. 签订的案涉合同中，斯某公司并非合同主体，在签订该合同时斯某公司不是合同相对人。协议仲裁制度是仲裁法的基本制度，体现仲裁自愿原则，是整个仲裁活动的基础。仲裁协议建立在各方当事人自愿将纠纷提交仲裁解决的基础上，仲裁机构受理争议案件来自于当事人各方的协议授权。在确认仲裁协议效力案件中，人民法院应当依法审查各方有无约定将争议提交仲裁解决的真实意思表示。除审查当事人在签订合同中的意思表示外，人民法院还应注意《仲裁法司法解释》的规定，在某些情形下承继合同权利义务的主体也可作为仲裁当事人，仲裁协议效力依法及于该当事人，但前提是必须依据仲裁法及相关司法解释的规定予以判断。

---

① 北京市第四中级人民法院（2022）京 04 民特 163 号民事裁定书。

在该案中，尽管斯某公司提交了《委托书》等证据，但依法不能基于委托代理关系取得案涉合同中约定仲裁解决争议的权利。法律对受托人以自己名义与第三人订立合同时，委托人与第三人之间合同权利义务的规定，属于实体法用以解决合同各方权利义务的规则，不同于作为争议解决方式的仲裁规则，仲裁条款独立存在，不受委托代理法律关系影响。因此，斯某公司以委托代理关系而主张继承案涉合同中关于仲裁的权利，不予支持。但是，本案法院在查明事实的基础上，认定案涉合同履行过程中相关权利义务涉及《齿轮泵处理协议》。《齿轮泵处理协议》作为签订在后的合同不仅承继了案涉合同中的部分权利义务，也约定了与案涉合同基本相同的仲裁条款，仲裁机构均为中国国际经济贸易仲裁委员会。因此，即便案涉合同在签订时确实不涉及斯某公司，但其履行以及《齿轮泵处理协议》的签订均涉及斯某公司与Slack & Parr Ltd.。法院认为，本案所涉纠纷应由仲裁解决，符合仲裁法的立法精神和法律规定，符合当事人选择仲裁的意思表示，更有利于纠纷公正高效地得以解决。Slack & Parr Ltd. 申请确认其与斯某公司之间不存在仲裁协议的请求，不予支持。

在申请人林某虹与被申请人福建省晋江市某木服装工业公司（以下简称某木公司）申请确认仲裁协议效力案[①]中，申请人林某虹请求法院依法确认案外人某锦玩具制衣贸易公司（以下简称香港某锦公司）与某木公司签订的《晋江某锦玩具服装有限公司合同书》（以下简称《合同书》）中约定的仲裁条款对双方具有法律约束力。某木公司认为，林某虹不是合同主体，《合同书》中的仲裁条款对其不具有约束力。法院认为，香港某锦公司的设立依据是香港特别行政区法律，林某虹是其设立者和唯一股东。香港特别行政区张某某律师事务所出具的《法律意见书》明确载明：根据香港特别行政区法律，林某虹应当享有并承担香港某锦公司在经营过程中所产生的权利和义务。对此，某木公司未能提出相反

① 北京市第四中级人民法院（2022）京04民特945号民事裁定书。

的证据。现香港某锦公司已处于结业状态，故其唯一自然人股东林某虹继受其在存续期间就签订《合同书》所应当享有的权利和履行的义务，并且可以对《合同书》中仲裁条款的效力申请司法审查。裁定确认香港某锦公司与某木公司签订的《合同书》对林某虹与某木公司具有法律约束力。

（四）仲裁机构名称不准确的情形

在上述申请人林某虹与被申请人某木公司申请确认仲裁协议效力案[①]中，被申请人某木公司认为，双方对于仲裁委员会的约定不明确，应属于无效仲裁条款。法院认为，案涉合同约定的仲裁委员会是“中国北京国际贸易促进会对外经济贸易仲裁委员会”，属于瑕疵表述。虽然会址设立在北京市的仲裁委员会中没有任何一家的名称与上述约定中的表述完全一致，但是结合中国国际经济贸易仲裁委员会的原名称“中国国际贸易促进委员会对外经济贸易仲裁委员会”与当事人约定的表述极为相似，其他仲裁委员会的名称与当事人约定的表述差别较大的实际情况，可以认定当事人的真实意愿是将争议提交中国国际经济贸易仲裁委员会解决。根据《仲裁法司法解释》第三条“仲裁协议约定的仲裁机构名称不准确，但能够确定具体的仲裁机构的，应当认定选定了仲裁机构”的规定，认定所涉仲裁条款中仲裁委员会的瑕疵表述不影响对当事人选定了具体仲裁机构的认定。

在申请人西安摩某信息技术有限公司（以下简称摩某公司）与被申请人大不列颠泰某公司申请确认仲裁协议效力案[②]中，申请人与被申请人签订《授权许可协议》，约定被申请人授权申请人使用大不列颠泰某公司人物形象，其中第十一条约定：“本协议受中国境内实体法管理和说明。与本协议相关的一切纠纷、矛盾或索赔，或违约、协议终止或无效化，应在依据仲裁管理条例递交仲裁通知后，由中国西安国际仲裁院（英文

① 北京市第四中级人民法院（2022）京04民特945号民事裁定书。

② 陕西省西安市中级人民法院（2021）陕01民特665号民事裁定书。

文本为：Xi'an Court of International Arbitration Centre）进行解决。仲裁活动应使用英语语言进行。本协议起草时使用英语。如本协议有其他语言翻译本，仍以英文版本内容为准。”申请人摩某公司认为，西安目前有两家仲裁委员会，鉴于案涉仲裁协议无法确定明确的仲裁机构，案涉仲裁条款应认定为无效。法院认为，案涉仲裁协议约定的仲裁机构为西安国际仲裁院（Xi'an Court of International Arbitration Centre），而西安有两个仲裁机构，一个是西安仲裁委员会的分支机构国际商事仲裁院，英文名称为International Commercial Arbitration Court；另一个是中国国际经济贸易仲裁委员会的丝绸之路仲裁中心，英文名称为Silk Road Arbitration Center，仲裁协议约定的仲裁机构与西安现有两个仲裁机构的中英文名称并不相同。《仲裁法司法解释》第三条规定：“仲裁协议约定的仲裁机构名称不准确，但能够确定具体的仲裁机构的，应当认定选定了仲裁机构。”将当事人约定仲裁机构的中英文名称与西安现有两个仲裁机构的中英文名称相比较，当事人约定的西安国际仲裁院（Xi'an Court of International Arbitration Centre）与中国国际经济贸易仲裁委员会的丝绸之路仲裁中心（Silk Road Arbitration Center）明显不同，而与西安仲裁委员会的分支机构国际商事仲裁院（International Commercial Arbitration Court）较为相近。虽然二者在名称表述上不完全一致，但该情形应属于当事人对仲裁机构的名称表述不规范，能够判断确定仲裁协议约定的仲裁机构应为西安仲裁委员会的分支机构国际商事仲裁院，不影响双方当事人将争议提交该仲裁机构进行仲裁的意思表示。因此，案涉仲裁条款具备仲裁法第十六条规定的内容，不存在无效情形，应认定为有效。

上述案例涉及当事人约定的仲裁机构名称不准确的情形。我国仲裁法第十六条规定，仲裁协议应当具备三项要素，即请求仲裁的意思表示、仲裁事项、选定的仲裁委员会。第十八条规定：“仲裁协议对仲裁事项或者仲裁委员会没有约定或者约定不明确的，当事人可以补充协议；达不成补充协议的，仲裁协议无效。”在实践中，不仅存在当事人没有约定仲裁机构的情况，更多的时候是由于当事人对仲裁机构不熟悉，在仲裁协议中约定的仲裁机构名称不准确；或者说，当事人之间的约定不能明确指向相关的仲裁机构。当事人在仲裁协议中约定的仲裁机构名称不准确一般表现为使用仲裁机构的旧称、漏掉仲裁机构名称中的文字以及当事人指定的仲裁机构有错误或者指定的仲裁机构不可能进行仲裁，但能够从当事人在仲裁协议中的其他规定或有关语言文字和其他情形中合理地表明当事人在订立仲裁协议时的真实意图包含了某个仲裁机构，或能合理地推定进行仲裁的机构。

在许多国家法院的实践中，只要当事人在合同中约定要求以仲裁方式进行仲裁，即使仲裁协议约定的仲裁机构名称不全或者不够准确，本着当事人意思自治的原则，法院通常都会认定仲裁协议有效。我国《仲裁法司法解释》第三条也作出了类似规定："仲裁协议约定的仲裁机构名称不准确，但能够确定具体的仲裁机构的，应当认定选定了仲裁机构。"对于实践中出现的当事人约定仲裁机构名称不准确的情形，人民法院在审查过程中应当充分尊重当事人的仲裁意愿，善意解释仲裁协议，合理确定仲裁机构的管辖权，而不是简单地以仲裁协议的内容不明确为由否定仲裁协议的效力。

（五）概括性事项仲裁条款效力的判断

在申请人海南恒某材料设备有限公司与被申请人 Simtec Systems GmbH 申请确认仲裁协议效力案[①]中，申请人请求法院确认其与 Simtec Systems GmbH 之间的仲裁协议无效，其中一项理由为仲裁事项约定过于抽象，仲裁条款对仲裁事项约定不明确。法院认为，仲裁条款中应当载明当事人同意交付仲裁解决的事项，此为仲裁条款合法有效的必要条件。根据《仲裁法司法解释》第二条的规定："当事人概括约定仲裁事项为合同争议的，基于合同成立、效力、变更、转让、履行、违约责任、解释、解除等产生的纠纷都可以认定为仲裁事项。"结合该案实际情况，当事人

① 北京市第四中级人民法院（2021）京 04 民特 905 号民事裁定书。

在案涉11份采购和服务合同中均约定，与合同有关的争议均为仲裁事项。虽然上述事项具有概括性，但仍符合《仲裁法司法解释》中关于明确约定仲裁事项的规定，应当认定为双方当事人约定了明确仲裁事项。仲裁条款具备合法有效的形式要件和实质要件，应当认定为合法有效。

在仲裁司法审查中，法院应对与合同有关的争议尽量作宽松理解，只要当事人的争议与仲裁条款所涉的合同密切相关，属于合同成立、效力、变更、转让、履行、违约责任、解释、解除等产生的纠纷，均可依据仲裁条款提交仲裁。

（六）单边选择仲裁条款的效力认定

在申请人柬埔寨某通信网络有限公司（以下简称柬埔寨某公司）与被申请人某银行申请确认仲裁协议效力案（以下简称柬埔寨某公司确认仲裁协议效力案）[①] 中，2015年7月28日，柬埔寨某公司与某银行签订《抵押合同》，其中第23.1条约定，除非质权人（某银行）另有选择，因本协议引起的或与之有关的所有争议、分歧或要求，包括本协议的存在、有效性、解释、履行的问题，应提交中国国际经济贸易仲裁委员会根据提起仲裁时有效的仲裁规则进行仲裁，仲裁地点为北京，仲裁是终局性的，仲裁程序应以英语进行。第23.2条约定，尽管有第23.1条的规定，如果质权人选择，双方将服从柬埔寨法院的非排他性管辖权。2021年10月，中国国际经济贸易仲裁委员会根据上述协议中的仲裁条款受理了某银行的仲裁申请。申请人柬埔寨某公司请求法院确认案涉仲裁条款无效，主要理由，是其认为案涉条款构成《仲裁法司法解释》第七条规定的“或裁或诉”条款；案涉条款显失公平。法院认为，“或裁或审”协议的界定标准，应是对仲裁和诉讼两种争议解决方式作了并列式约定或者是作了选择式约定，并因此产生了管辖权争议。在该案中，案涉争议仲裁条款系单方选择性争端解决条款，其性质取决于某银行的选择。该约定

① 北京金融法院（2022）京74民特4号民事裁定书。

是双方当事人协商一致的结果，法律对此无禁止性规定，且该约定并不足以构成双方权利义务显失公平，因此本案应尊重双方意思自治。案涉协议约定将争议交由中国国际经济贸易仲裁委员会进行仲裁，并不违反仲裁法第六条的规定，且当事人通过协议对仲裁机构的选定具有唯一性，不属于仲裁法第十八条所指的对仲裁机构约定不明的情形。在某银行已经向中国国际经济贸易仲裁委员会申请仲裁，并明确放弃向法院起诉的权利的情况下，案涉争议解决条款即形成了确定的、排他的仲裁合意，不属于《仲裁法司法解释》认定无效的“或裁或诉”条款，符合仲裁法对有效仲裁条款的要求，应当认定为合法有效。

单边选择仲裁条款，又称为非对称仲裁条款，是指赋予商事合同中特定的一方当事人在争议发生后，有权选择将争议提交诉讼或者仲裁的管辖条款。[①] 该条款反映出合同的一方当事人处于更优越的谈判地位，特殊的权利设置使其能在争议发生之后再对诉讼和仲裁作出选择，从而确保争议能够在最有利于己方的平台获得审理。拥有选择权的优势一方通常被称为受益方[②]，而没有选择权的一方则被称为非受益方[③]。

单边选择仲裁条款同时具有混合性、非对称性、单方性三个特点。混合性，是指单边选择仲裁条款同时包含了仲裁以及诉讼两种争议解决方式；非对称性，是指仅仅赋予合同的一方当事人从仲裁和诉讼中作出选择的权利，另一方当事人则无此选择权，即合同的一方当事人比起另一方在争议解决方式的选择上拥有更多的选择；单方性，是指在纠纷发生之后将以何种解决方式进行解决是由受益方单方行为所决定，而无须

① 参见桑远棵：《不对称仲裁条款的效力研究》，载《中国国际私法与比较法年刊（2019 · 第二十四卷）》。

② See Bas van Zelst, Unilateral Option Arbitration Clauses in the EU: A Comparative Assessment of the Operation of Unilateral Option Arbitration Clauses in the European Context, Journal of International Arbitration, Vol. 33, No. 4, 365, 367 (2016).

③ See Pavlo Malyuta, Compatibility of Unilateral Option Clauses with the European Convention on Human Rights, UCL Journal of Law and Jurisprudence, vol. 8, No. 1, 4 (2019).

再和非受益方进行又一轮协商或者额外再取得非受益方的同意。[①] 不同于传统的仲裁协议，单边选择仲裁条款具有特殊之处，即该条款具备仲裁和诉讼两种合意，当且仅当受益方作出选择之时，才指向特定且唯一的纠纷解决方式。从表面上看，单边选择仲裁条款是不对称和失衡的，因为一方当事人有额外的选择权，而间接剥夺了另一方当事人的同等程序性权利。

在实践中，对单边选择仲裁条款效力的认识存在分歧。不同国家和地区的法院对单边选择仲裁条款的效力持不同立场。有一些国家以此类条款违反公共政策、缺乏双边性、明确性或者合理性为由，否定此类条款的效力。

目前，我国对此尚无专门规定，在司法实践中主要存在如下三种观点：一是单边选择仲裁条款无效，代表性的案例是陈某华等申请某银行（中国）有限公司上海分行确认仲裁协议效力案[②]。法院认为，该类仲裁条款事实上赋予了合同当事人既可以选择仲裁，又可以选择诉诸法院的权利，根据《仲裁法司法解释》第七条的规定，案涉仲裁协议应当认定为无效。上述观点显然是将单边选择仲裁条款等同于“或裁或诉”条款对待。二是单边选择仲裁条款部分有效、部分无效。即对该类仲裁条款采取分割处理方式，根据民事诉讼法（2021 年修正）第三十五条的规定，合同争议解决方式中关于管辖法院的约定符合法律规定，应当认可其效力。例如，在海南某小额贷款有限公司与海南某房地产开发有限公司、周某管辖案[③]中，法院并没有否定单边选择仲裁条款的整体效力，而是认定关于仲裁的约定无效、关于管辖法院的约定有效。三是单边选择仲裁条款有效。例如，在厦门某化工有限公司诉瑞士某贸易有限公司买卖合同纠纷案[④]中，法院认为，尽管该约定授予一方单方决定争议解决方

---

① 参见覃曦菡：《非对称仲裁条款在中国的效力认定》，载陈福勇主编：《北京仲裁》（总第117辑，2021年第3辑），中国法制出版社2022年版，第101~118页。

② 北京市第二中级人民法院（2016）京02民特93号民事裁定书。

③ 海南省高级人民法院（2020）琼民辖2号民事裁定书。

④ 上海市第一中级人民法院（2016）沪01民终3337号民事裁定书。

式的权利，但该约定是双方自愿的，应当尊重当事人意思自治。法律对此并无禁止性规定，且法院认为，该约定并不足以造成双方权利义务不公平。前述柬埔寨某公司确认仲裁协议效力案①亦采取类似说理方式，认定单边选择仲裁条款有效。

那么，应如何认定单边选择条款的效力？单边选择仲裁条款不同于“或裁或诉”条款。“或裁或诉”条款即当事人既可以申请仲裁，也可以向法院提起诉讼。此类条款实质上属于当事人提交仲裁的意思表示不具有唯一性。根据《仲裁法司法解释》第七条的规定，原则上此类仲裁协议应认定为无效（一方向仲裁机构申请仲裁，另一方当事人未在首次开庭前提出异议，应认定当事人就通过仲裁解决争议达成一致，仲裁协议有效）。事实上，单边选择仲裁条款只是赋予权利人在仲裁和其他争议解决方式的选择权，一旦选择，最终将指向特定且唯一的解决方式。因此，单边选择仲裁条款不同于“或裁或诉”条款，不能依据《仲裁法司法解释》第七条直接认定仲裁条款无效。

在国际经济交往的现实背景下，单边选择仲裁条款实际上是商事主体真实合意的产物，也是商事理性在实践中的反映。单边选择仲裁条款为国际商事主体提供了更加多元化的选择，能够有效避免当事人将争议提交非方便的程序性机制，从而可以更加有效地保障其合法权益，在近年来已成为国际融资领域常见的争议解决条款。我们在认定商事主体达成的此类仲裁条款的效力时，不应过度强调双方当事人在争议解决机制选择上的完全对等性，而应当更加关注双方当事人在缔结这一条款时的真实意思表示。对于单边仲裁条款的效力认定，应当综合考察双方缔约过程，如果无胁迫、欺诈等情形，确系当事人自愿达成的约定，应当认定该类仲裁条款有效。在实践中需要注意的是，如果单边选择仲裁条款涉及消费者、劳动者等弱势群体时，则不能放任处于经济优势地位的一方滥用选择条款，否则将可能损害弱势一方的利益。单边选择仲裁条款

① 北京金融法院（2022）京74民特4号民事裁定书。

的适用，可以借鉴参考 2021 年 12 月 31 日最高人民法院发布的《全国法院涉外商事海事审判工作座谈会会议纪要》第二条关于“非对称管辖协议的效力认定”的相关规定。此类条款更多是被运用在缔约地位平等的商事主体之间的。在特定领域，当事人缔约地位显著不平等的，出于保护弱者利益的考虑，有必要从格式合同的角度审查该类条款的效力。

（七）格式合同中仲裁条款的效力认定

在唐某俊确认仲裁协议效力案[①]中，唐某俊请求法院依法确认其与 CGC Management Limited 签订的《有限合伙协议》中的仲裁条款无效，其中一项理由是《有限合伙协议》是英文格式合同，CGC Management Limited 未就其中的仲裁条款向唐某俊履行提示或者说明义务，致使唐某俊未了解该条款，采取仲裁方式解决争议非唐某俊真实意思表示。CGC Management Limited 主张，案涉协议不是格式条款，不符合格式合同的定义，并且格式条款中的仲裁条款不属于主张合同无效的情形。法院认为，我国民法典第四百九十七条规定了格式条款无效的情形。仲裁管辖协议系当事人合意，附带实体性，但本质上属于程序性条款，其规定的是纠纷解决的管辖权，并不直接规定当事人之间的民事权利义务关系，不能直接带给当事人经济上的利益亦不能对当事人的主要权利进行排除，而是为当事人提供权利救济途径。唐某俊称其系因胁迫以及其他并非真实意思表示的情形而签订包含案涉仲裁协议的《有限合伙协议》，但并未就此提供充足证据予以证明，案涉仲裁协议应认定有效。裁定驳回唐某俊的申请。

在柬埔寨某公司确认仲裁协议效力案[②]中，申请人请求确认案涉《外汇贷款合同》中的仲裁条款无效的其中一项理由是，《外汇贷款合同》中的仲裁条款是某银行单方拟定的格式条款，且某银行并未对此予以提示或说明，《外汇贷款合同》中的仲裁条款依法应不成为合同的内容，或属

---

① 北京金融法院（2022）京 74 民特 21 号民事裁定书。
② 北京金融法院（2022）京 74 民特 5 号民事裁定书。

于无效条款。某银行认为，案涉《外汇贷款合同》中的仲裁条款系在双方当事人平等协商的基础上达成的约定，并非格式条款，且案涉仲裁条款并未免除己方责任、加重对方责任、排除对方主要权利，不属于应当特别提示说明的格式条款，因此，案涉条款不属于无效条款。法院认为，柬埔寨某公司与某银行签订的三份《外汇贷款合同》中均约定有仲裁条款，案涉仲裁条款依法应当认定为各方在纠纷发生之前达成的仲裁协议。该仲裁协议的内容具有明确的请求仲裁的意思表示及仲裁事项，并选定中国国际经济贸易仲裁委员会进行仲裁，符合法律规定仲裁协议应当具备的要素，且该仲裁协议并不存在无效情形，应属于有效仲裁协议。柬埔寨某公司认为该仲裁条款属于格式条款、未经提示说明，但是并未向法院举证证明《外汇贷款合同》文本系某银行重复使用而预先拟定、未经各方协商的，且即使合同文本采用格式条款，相应争议解决的方式对于双方而言平等适用，并非免责条款，亦未加重柬埔寨某公司的责任。因此，柬埔寨某公司的该项主张缺乏法律依据，不予采信。

格式条款是当事人为了重复使用而预先拟定，并在订立合同时未与对方协商的条款。[①] 顾名思义，格式合同中的仲裁条款（以下简称格式仲裁条款）是指在格式合同中的仲裁条款。对于格式仲裁条款的效力判断需要考察的因素，在理论与实践中存在认识分歧。一种观点认为，格式仲裁条款作为争议解决条款，属于程序性条款，并不直接规定当事人之间的民事权利义务关系，不能对当事人的主要权利进行排除，符合仲裁法第十六条规定的仲裁协议具备的三项要素，且不存在仲裁法第十七条规定的无效情形，仲裁条款即有效。上述唐某俊确认仲裁协议效力案、柬埔寨某公司确认仲裁协议效力案即采取了此种观点。另一种观点认为，争议解决条款是合同的主要条款，应属于与当事人有重大利害关系的条款，格式仲裁条款提供方应履行提示和说明义务。在申请人苏某霞与被申请人北京中某教育科技有限公司申请确认仲裁协议效力案[②]中，法院采

① 民法典第四百九十六条。

② 北京市第四中级人民法院（2023）京04民特269号民事裁定书。

取了此种观点。

格式仲裁条款蕴含着“仲裁合意”与“格式合同未经充分协商”之间的矛盾。根据仲裁法第十六条的规定，请求仲裁的意思表示是审查仲裁条款是否成立的必备要素，必然涉及格式仲裁条款接受方是否有仲裁的意思表示，即“是否知悉同意仲裁条款”。在认定格式仲裁条款的效力时，应当根据案件事实综合考察双方当事人是否在完全自愿的基础上达成合意。对于因提供格式仲裁条款的一方当事人利用其优势地位产生的压力迫使对方当事人签订的格式仲裁条款，当事人不能自由表达是否仲裁、选择哪一仲裁机构以及何种仲裁规则仲裁，实际上是排除了格式仲裁条款接受方的争议解决选择权和仲裁机构、仲裁规则选择权，应当给予格式仲裁条款接受方提出异议的权利。在实践中还需要注意区分商事主体之间签订的合同、经营者与消费者之间签订的合同等不同情形，对格式仲裁条款的效力作出准确判断。

二、申请撤销涉外及涉我国港澳特别行政区仲裁裁决相关法律问题

（一）司法审查的范围问题

在申请人深圳市星某国际旅行社有限公司南京分公司与被申请人 Green Island Travel & Tours Sde. Bnd 申请撤销仲裁裁决案①中，申请人申请撤销仲裁裁决的理由是，仲裁庭认定案件事实错误且对方当事人隐瞒事实，提供虚假合同，导致仲裁庭作出错误裁决。法院认为，根据仲裁法第七十条的规定，当事人提出证据证明涉外仲裁裁决有 2017 年修正民事诉讼法第二百五十八条（2023 年修正后为第二百九十一条）第一款规定的情形之一的，经人民法院组成合议庭审查核实，裁定撤销。案件事实查明、法律适用均属于仲裁庭履行职责的范围，并非人民法院对仲裁

① 北京市第四中级人民法院（2022）京 04 民特 757 号民事裁定书。

司法审查案件的审查范围。申请人提出的对方当事人隐瞒事实，提供虚假合同，导致仲裁庭作出错误裁决，上述理由不属于人民法院依据仲裁法第七十条等法律规定对涉外仲裁裁决的审查范围，依法不予审查。

在申请人王某亮与被申请人深圳华某实业有限公司（以下简称华某公司）、何某平、深圳市耀某咨询管理企业（有限合伙）（以下简称耀某合伙）、王某波申请撤销仲裁裁决案①中，申请人请求撤销仲裁裁决的理由是，华某公司、何某平、耀某合伙隐瞒了足以影响公正裁决的证据，仲裁员枉法裁决。法院认为，根据仲裁法第七十条的规定，人民法院对涉外仲裁裁决进行司法审查，应当以民事诉讼法第二百八十一条（2023年修正后为第二百九十一条，下同）的规定作为审查事项。对于当事人提出的不符合上述规定的申请理由，不能作为撤销涉外仲裁裁决的依据。在该案中，申请人提出的申请理由为，对方当事人隐瞒足以影响公正裁决的证据以及仲裁员枉法仲裁，均不属于人民法院审查案涉仲裁裁决的事项。

在申请人上海液某有限责任公司与被申请人昆山某机械有限公司申请撤销仲裁裁决案②中，申请人申请撤销仲裁裁决的理由是，仲裁庭作出的裁决违背事实，认定的证据属于伪造，且对方当事人隐瞒了足以影响公正裁决的证据。法院认为，该案为涉外仲裁司法审查案件，根据仲裁法第七十条规定，应当以民事诉讼法第二百八十一条的规定作为审查事项。对于当事人提出的不符合上述规定的申请理由，不能作为撤销涉外仲裁裁决的依据。

（二）仲裁庭的组成问题

在申请人深圳市光某科技股份有限公司与被申请人 AED Display NV 申请撤销仲裁裁决案③中，申请人申请撤销仲裁裁决的理由为，仲裁案件

① 北京市第四中级人民法院（2022）京 04 民特 525 号民事裁定书。
② 北京市第四中级人民法院（2022）京 04 民特 432 号民事裁定书。
③ 北京市第四中级人民法院（2022）京 04 民特 637 号民事裁定书。

争议金额超过人民币500万元，仲裁庭没有征询双方当事人意见，适用简易程序由一名仲裁员独任审理，与仲裁规则不符。法院认为，根据《中国国际经济贸易仲裁委员会仲裁规则（2015版）》第五十六条第一项的规定，除非当事人另有约定，凡争议金额不超过人民币500万元，或争议金额超过人民币500万元但经一方当事人书面申请并征得另一方当事人书面同意的，或双方当事人约定适用简易程序的，适用简易程序。法院认为，“争议标的”，是指当事人请求所指向的合同义务，而非请求的具体金额。故根据仲裁庭审理案件并作出裁决的实际情况，争议金额未超过人民币500万元，适用简易程序审理并无不当，也不存在仲裁庭因适用简易程序而剥夺当事人选定仲裁员权利的情形。因此，申请人关于仲裁庭的组成与仲裁规则不符的理由不成立。

（三）对庭后变更、增加的请求未开庭审理问题

在申请人中国某交通系统（控股）有限公司（以下简称某交通公司）与被申请人北京仲某科技有限公司（以下简称仲某公司）申请撤销仲裁裁决案①中，申请人申请撤销仲裁裁决的理由之一是，仲裁庭未就修改后的仲裁请求第二项再次开庭审理并质证，剥夺了其就该项仲裁请求提起反请求和答辩的权利，违反了法定程序。法院认为，“违反法定程序”是指违反仲裁法规定的仲裁程序和当事人选择的仲裁规则可能影响案件正确裁决的情形。对于仲裁庭在仲裁规则允许范围内所进行的自由裁量，不能认定为违反法定程序。法院根据裁决载明的情况，认定某交通公司已经对仲裁请求第二项进行了充分的答辩，仲裁也不存在“由于其他不属于被申请人负责的原因未能陈述意见”的情形。该案仲裁庭以其认为适当的方式处理仲某公司于仲裁庭审之后提交的变更仲裁请求的书面申请，不违反仲裁规则，也不属于违反法定程序的情形。因此，法院裁定驳回某交通公司的申请。

---

① 北京市第四中级人民法院（2023）京04民特1号民事裁定书。

（四）披露义务与回避情形的认定问题

在申请人北京怡某经贸有限公司（以下简称怡某公司）与被申请人爱某国际教育集团有限公司（以下简称爱某公司）申请撤销仲裁裁决案[①]中，申请人请求撤销裁决的其中一项理由是，首席仲裁员孙某某与被申请人的代理人以及被申请人代理人所在律所的合伙人存在利益冲突，可能影响公正裁决，应当披露但未予披露，仲裁庭的组成违反法定程序。被申请人认为，首席仲裁员孙某某不存在法律规定的应当回避披露的事项。法院认为，根据《中国国际经济贸易仲裁委员会仲裁规则》（以下简称《贸仲仲裁规则》）[②] 第三十一条“披露”规定：“（一）被选定或被指定的仲裁员应签署声明书，披露可能引起对其公正性和独立性产生合理怀疑的任何事实或情况。（二）在仲裁程序中出现应披露情形的，仲裁员应立即书面披露……”因此，合理披露是仲裁员应当履行的义务，目的在于保障仲裁当事人的知情权。对于可能导致仲裁当事人对仲裁员公正性与独立性产生合理怀疑的情形，仲裁当事人可以基于仲裁员披露而适时向仲裁委员会申请回避。一般而言，需要披露的内容应当包括仲裁员与仲裁当事人或者仲裁审理结果具有利害关系的事项，而对于人与人之间因社会生活交往所产生的普遍联系，不属于能够对仲裁员公正性与独立性产生合理怀疑的情形，因此也并非仲裁员应当披露的事项。由于申请人提出的回避事项均属于社会生活交往中的普遍联系，无法据此直接认定首席仲裁员孙某某与爱某公司或者仲裁结果存在利害关系，因此首席仲裁员孙某某加入仲裁庭审理案件不构成仲裁程序违反仲裁规则。因此，对怡某公司的申请不予支持。

在申请人 Sesderma, S. L. 与被申请人高某企业有限公司（以下简称高某公司）申请撤销仲裁裁决案[③]中，申请人请求撤销仲裁裁决的主要理由

---

① 北京市第四中级人民法院（2022）京04民特540号民事裁定书。

② 《仲裁规则》，载中国国际经济贸易仲裁委员会官网，http：//www.cietac.org.cn/index.php？m=Page&a=index&id=65，最后访问时间：2023年6月29日。

③ 北京市第四中级人民法院（2023）京04民特88号民事裁定书。

是，仲裁员戴某某未履行披露义务，其与首席仲裁员刘某某均存在需要回避但未回避的情形，仲裁庭的组成或者仲裁的程序与仲裁规则不符。法院认为，披露和回避都是为了保证仲裁员规范履行职责、公正审理案件的程序安排，仲裁员应当根据法律和仲裁规则公正、独立地审理案件。根据《贸仲仲裁规则》第三十一条的规定："（一）被选定或被指定的仲裁员应签署声明书，披露可能引起对其公正性和独立性产生合理怀疑的任何事实或情况。（二）在仲裁程序中出现应披露情形的，仲裁员应立即书面披露。（三）仲裁员的声明书及/或披露的信息应提交仲裁委员会仲裁院并转交各方当事人。"根据仲裁法第三十四条的规定："仲裁员有下列情形之一的，必须回避，当事人也有权提出回避申请：（一）是本案当事人或者当事人、代理人的近亲属；（二）与本案有利害关系；（三）与本案当事人、代理人有其他关系，可能影响公正仲裁的；（四）私自会见当事人、代理人，或者接受当事人、代理人的请客送礼的。"由于合理的披露是回避的有效前提，因此仲裁员应当主动披露可能影响其公正性与独立性的全部事实或者情况，以保障仲裁委员会和仲裁当事人合理知悉，从而进一步决定仲裁员是否需要回避。但是由于任何一项社会活动均不孤立存在，人们在日常生活交往中会不可避免地形成关联和联系。因此，对于披露、回避事由的判断不能仅以社会生活中所存在的普遍关联和联系为依据，而是应当着重审查仲裁员与案件当事人、裁决结果是否存在直接或者间接的利害关系，具体的事实或者情况是否会导致仲裁员的公正性和独立性受到合理怀疑。一般而言，人民法院应当以法律和仲裁规则所规定的事项为判断标准。

法院认为，现有证据不足以认定仲裁员戴某某存在仲裁法以及《贸仲仲裁规则（2015 版）》等规定中的足以对其公正性和独立性产生合理怀疑的情形，仲裁员戴某某未对 Sesderma, S. L. 提出的事项进行披露并回避，不会导致仲裁庭的组成与仲裁规则不符。关于首席仲裁员的回避，Sesderma, S. L. 已经在仲裁程序中提出了与本案相同的理由，中国国际经济贸易仲裁委员会进行了回应，认为不属于仲裁法和仲裁规则规定的应当回避的其他情形，从而决定仲裁员刘某某不予回避，仲裁程序继续进行。上述决定并无不当。裁定驳回 Sesderma, S. L. 的申请。

在申请人苏某航空有限公司、云南景某集团有限公司、董某成与被申请人国某飞机租赁（天津）有限公司（以下简称国某飞机公司）申请撤销仲裁裁决案①中，申请人请求撤销仲裁裁决的其中一项理由是，国某飞机公司指定仲裁员陈某的就职单位与第三方资助机构 IMF Bentham Limited 存在重大利益关系；仲裁员陈某所任职的某律所与国某飞机公司的第三方资助机构 IMF Bentham Limited 的两大股东的实际控制人 HSBC 集团、JPMorgan 集团存在业务往来。仲裁员陈某对上述情况未予披露，亦不主动提出回避，仲裁庭的组成与仲裁规则不符。法院认为，仲裁员进行披露应当以仲裁员知悉或应当知悉存在可能导致当事人对其独立性、公正性产生合理怀疑的事实和情况为前提，回避则以达到法定或者仲裁规则规定的回避条件为前提。在社会生活与交往中存在的关联关系，在未达到法律规定的可能影响公正仲裁的独立性、公正性的程度，且仲裁员并不应知悉这种关系的情况下，不能认定仲裁员违反信息披露义务，也不能认定违反回避的程序规定。该案现有证据不足以证明仲裁员陈某与案涉第三方资助机构存在利害关系，亦不存在根据仲裁法或仲裁规则的规定应当回避而未回避、可能影响公正裁决的情形。仲裁员根据仲裁规则有关仲裁员信息披露的规定履行了其应尽的披露义务，现有证据亦不足以证明陈某与案涉第三方资助机构存在可能引起对其公正性和独立性产生合理怀疑的事实或情况。因此，对申请人关于仲裁员未履行披露义务和违反回避规定导致仲裁庭的组成与仲裁规则不符的申请理由不予支持。

上述案例涉及仲裁员的披露义务以及回避情形的认定问题。仲裁员的披露与回避制度，是保证仲裁员独立性和公正性的具体举措。基于独立和公正义务，仲裁员对于“可能”引起对其公正性产生合理怀疑的任

① 北京市第四中级人民法院（2022）京 04 民特 368 号民事裁定书。

何情况，负有披露义务。《联合国国际贸易法委员会国际商事仲裁示范法》①（以下简称仲裁示范法）以及许多国家的法律均规定了仲裁员的披露义务。在实践中，较难把握的是仲裁员披露义务的范围以及披露与回避的关系问题。

第一，关于仲裁员披露义务的范围。根据仲裁示范法第十二条的规定，仲裁员的披露义务是披露“可能”引起对其公正性产生合理怀疑的任何情况。《国际律师协会国际仲裁利益冲突指引》② 对“仲裁员披露”提供了明确具体的指引。我国仲裁法未具体规定仲裁员披露问题，有一些仲裁机构的仲裁规则③对仲裁员信息披露进行了规定。一般概括性地统一表述为“可能引起对仲裁员公正性和独立性的合理怀疑的事实或情形”，在实践中并不容易确定哪些事由属于仲裁员应当披露的范围，哪些事由无须披露。例如，仲裁员担任当事人法律顾问，结束顾问关系未满二年，仲裁一方当事人的代理人是现任仲裁机构仲裁员，或者仲裁员任职单位与一方代理人服务机构存在关联及业务往来等情形。笔者认为，在通常情况下仲裁员应当按照法律和仲裁规则的规定，披露可能影响其公正性与独立性的全部事实或者情况，以便仲裁庭作出是否回避的决定。在社会生活与交往中存在的关联关系，在未达到法律规定或者仲裁规则规定的足以影响仲裁独立性、公正性的程度，且仲裁员并不应知悉这种关系的情况下，不能认定仲裁员违反信息披露义务。

第二，关于披露与回避的关系。如上所述，根据仲裁示范法第十二条的规定，仲裁员的披露义务是披露“可能”引起对其公正性产生合理怀疑的任何情况；而“只有存在引起对仲裁员的公正性或独立性产生正

---

① 载联合国国际贸易法委员会官网，http：//uncitral. un. org/sites/uncitral. un. org/sites/uncitral. un. org/files/media-documents/uncitral/zh/19-09954_ c_ ebook_ 1. pdf，访问时间：2003 年 6 月 29 日。

② 载国际律师协会官网，http：//www. ibanet. org/MediaHandler? id = 5b219797 - 0407 - 4233 - a7e0-edb0543ao417，访问时间：2023 年 6 月 29 日。

③ 《贸仲仲裁规则（2015 版）》第三十一条、《北京仲裁委员会仲裁规则》第二十二条、《深圳国际仲裁院仲裁规则》第三十二条、《广州仲裁委员会仲裁规则》第三十七条。

当怀疑的情况或仲裁员不具备当事人约定的资格时，才可以申请仲裁员回避”。这意味着，仲裁员负有披露义务的范围要大于申请仲裁员回避事由的范围。另外，违反仲裁员披露义务的不利后果有可能导致仲裁员回避，而违反仲裁员回避的规定通常会构成撤销或者不予执行裁决的事由。

（五）超裁情形的认定问题

在申请人克某（北京）投资有限公司与被申请人美某国际发展有限公司、河北美某家具有限公司申请撤销仲裁裁决案[①]中，申请人申请撤销仲裁裁决的其中一项理由为，仲裁请求第二项至第五项不属于可以仲裁的范围，北京仲裁委员会无权仲裁。法院认为，人民法院对裁决是否超出了仲裁机构可以仲裁的范围进行审查，应当以裁决项为审查对象，而并非仲裁请求。由于裁决项未超出交易意向书第十条仲裁条款中约定的可以进行仲裁的范围，且未超出仲裁请求的范围，故对申请人的该项理由不予采纳。裁定驳回克某（北京）投资有限公司的申请。

在申请人上海市某律师事务所（以下简称某律所）与被申请人江苏久某投资管理有限公司申请撤销仲裁裁决案[②]中，申请人申请撤销仲裁裁决的理由之一是，裁决的事项不属于仲裁协议的范围或者仲裁委员会无权仲裁。法院认为，人民法院应当审查仲裁庭经实体审理后在裁决项中对仲裁当事人提出的仲裁请求或者仲裁反请求的回应，具体为仲裁庭意见之后“裁决如下”的部分。对于仲裁庭根据证据所认定的案件事实，可以涉及与案涉合同、案涉争议相关的其他内容。仲裁庭在事实认定过程中所涉及的对其他相关事项的审查，不构成裁决超出仲裁协议的范围或者仲裁委员会可以仲裁的事项。法院在对某律所提出的全部理由及其依据进行审查后认为，仲裁庭审查《挂牌协议》是为了确认某律所就《合作协议》提出的仲裁请求是否能够得到支持，其所作出的裁决项并未超出《合作协议》中仲裁协议约定的范围，也不属于仲裁庭无权仲裁的

① 北京市第四中级人民法院（2022）京04民特673号民事裁定书。

② 北京市第四中级人民法院（2022）京04民特175号民事裁定书。

事项，故某律所提出的“裁决的事项不属于仲裁协议的范围或者仲裁委员会无权仲裁”的理由不能成立。

（六）对仲裁庭处理鉴定申请的审查

在申请人陈某与被申请人陈某位申请撤销仲裁裁决案①中，申请人申请撤销仲裁裁决其中一项理由为，陈某明确表示对《债权债务确认书》及《债转股决议》两份证据的真实性不予认可，且多次以口头或书面形式坚持申请笔迹鉴定，仲裁庭始终未启动鉴定程序，违反了仲裁应当事先审查确定管辖权的法定前置程序。法院认为，《北京仲裁委员会仲裁规则（2019 年版）》第三十五条第一项规定，当事人申请鉴定且仲裁庭同意，或者当事人虽未申请鉴定但仲裁庭认为需要鉴定的，可以通知当事人在仲裁庭规定的期限内共同选定鉴定人或者由仲裁庭指定鉴定人。故仲裁庭具有是否启动鉴定程序的权限。仲裁庭针对陈某提出的申请，综合各方面因素，作出不予准许的认定，并在仲裁裁决书中予以充分阐释说明。案涉仲裁程序未违反《北京仲裁委员会仲裁规则（2019 年版）》的相关规定。陈某提出的仲裁违反法定程序的主张，不予支持。

（七）仲裁适当通知问题

在申请人刘某浩、河南福某酒店有限公司（以下简称福某酒店）与被申请人天某酒店投资有限公司（以下简称天某酒店）、速某（北京）国际酒店管理有限公司（以下简称速某酒店）申请撤销仲裁裁决案②中，申请人申请撤销仲裁裁决的理由是，仲裁庭未向其进行有效送达，违反法定程序。法院查明，中国国际经济贸易仲裁委员会（以下简称贸仲）按照天某酒店、速某酒店在仲裁申请书中提供的地址，以特快专递的方式分别向刘某浩、福某酒店的地址寄送了相关文件材料，显示被退回。之后，仲裁庭采取公证送达方式向刘某浩、福某酒店送达上述文件。法

① 北京市第四中级人民法院（2022）京 04 民特 688 号民事裁定书。

② 北京市第四中级人民法院（2022）京 04 民特 126 号民事裁定书。

院认为，结合天某酒店、速某酒店的陈述意见以及中国国际经济贸易仲裁委员会就送达问题作出的说明与提供的相应证据材料，中国国际经济贸易仲裁委员会已经按照《贸仲仲裁规则》向刘某浩、福某酒店送达了仲裁通知、《贸仲仲裁规则》和《仲裁员名册》，仲裁送达未违反法定程序，仲裁的程序与仲裁规则并无不符。

（八）对是否违反社会公共利益的审查

在申请人捷某物流有限公司（以下简称捷某公司）与被申请人金某金属资源有限公司（以下简称金某公司）申请撤销仲裁裁决案①中，申请人申请撤销仲裁裁决的其中一项理由是，金某公司违反许可制度和外汇管理制度进行境外期货交易，裁决要求捷某公司赔偿金某公司因违法境外期货交易的损失，并要求捷某公司将本应支付给国家的进口增值税支付给金某公司，违背社会公共利益。法院认为，裁决项所确认的捷某公司应向金某公司赔偿损失及律师费，只涉及双方当事人，不涉及社会公共利益。仲裁请求和裁决项中均未包含"支付进口增值税"的内容，裁决未超出金某公司提出的仲裁请求，故法院裁定驳回捷某公司的申请。

在申请人李某琳、钟某丽与被申请人佛山市某小额贷款有限公司（以下简称某小贷公司）申请撤销仲裁裁决纠纷案②中，申请人申请撤销仲裁裁决的理由是，本案的实际出借人是职业放贷人姚某，其假借小贷公司名义签订借款合同，是以合法形式掩盖职业放贷人非法放贷事实、套取高额非法利益，裁决支持其请求既违反法律规定，又违背社会公共利益。即使是某小贷公司使用姚某的账户放款、收款，也是偷逃纳税的违法行为，裁决支持其诉求损害国家利益和社会公共利益。法院认为，所谓违背社会公共利益，是指违背以社会公众为利益主体的，危害整个社会最根本的法律原则、道德标准的共同利益的行为。李某琳、钟某丽所提违背公共利益，其表现形式应当是违背我国法律的基本制度与准则、

① 北京市第四中级人民法院（2022）京04民特570号民事裁定书。

② 广东省佛山市中级人民法院（2022）粤06民特258号民事裁定书。

违背社会和经济生活的基本价值取向，危害社会公共秩序和生活秩序，违背社会全体成员共同普遍认可、遵循的基本道德准则的情形。本案所涉仲裁裁决处理的是李某琳、钟某丽与某小贷公司因借款合同纠纷而产生的争议，裁决结果只涉及当事人之间的债权债务，现有证据无法证明案涉裁决违背了社会公共利益，故裁定驳回李某琳、钟某丽的申请。

在申请人中某化工销售（香港）有限公司（以下简称中某香港公司）与被申请人苏某公司申请撤销仲裁裁决案[①]中，申请人申请撤销裁决依据的主要事由是，仲裁庭根据仓储公司出具的货物单据认定苏某公司履行了交付货物的义务，而上述单据与（2018）鲁刑终 111 号刑事判决认定虚假交易事实的证据一致，根据单据认定苏某公司履行交货义务，等于确认了犯罪行为的合法性，违背社会公共利益。同时，中国国际经济贸易仲裁委员会于 2015 年审理了与本案仲裁争议基本事实相同，且也涉及刑事诉讼的另案仲裁案件，两案裁决完全相悖，损害司法权威性，违背社会公共利益。法院认为，该案仲裁裁决已经载明单证交易本身不足以认定买卖法律关系发生的事实，仲裁庭对案件事实的认定系基于案涉合同的具体约定以及焦某的讯问笔录、中某香港公司向苏某公司发送的交易往来邮件等，故中石化香港公司提出的仲裁庭依据违法犯罪行为认定事实的理由不成立。另外，该案仲裁裁决载明，该案仲裁案件与另案仲裁案件的基本事实不同，且仲裁庭认定事实属于仲裁权的行使范畴，并非民事诉讼法第二百八十一条规定的撤销仲裁裁决的法定事由，故仲裁庭有权依法对认定事实作出裁决，该认定事实的行为不属于违背社会公共利益的情形。因此，仲裁庭系依据合法证据认定案件事实，裁决结果仅影响双方当事人，不涉及社会公共利益。裁定驳回中某香港公司的申请。

在上述案例中，法院未认定裁决违反社会公共利益，主要理由是案涉裁决主要影响的是双方当事人的利益，不涉及社会公共利益。

---

① 北京市第四中级人民法院（2022）京 04 民特 333 号民事裁定书。

法院在判断案涉裁决是否违反社会公共利益时，需要考察仲裁司法审查程序中“公共政策”[①] 两个方面的识别特征，即系统性（根本性）与公共性。系统性（根本性）是“公共政策”概念的主要识别特征。“公共政策”概念的系统性主要体现在这个概念反映的是“一个国家或社会的重大利益或者法律和道德的基本原则”。系统性与公共性互为表里，公共政策在公共性的基础上，必然同时具有系统性或根本性的价值内容。但具备公共性特征，并不必然构成公共政策，仅仅具有公共性的特点，利益很有可能仅仅构成公共利益事件或者公共利益观点，只有叠加上系统性或者根本性的条件，利益才有可能成为社会公共利益。

公共性是公共政策的另一个识别特征。有学者认为，社会公共利益，就是法理上通常所说的公共利益，其是指社会全体成员的利益。社会公共利益范畴的核心内容就是其公共性，基本内涵是特定社会历史条件下，从私人利益中抽象出来能够满足共同体中全部或大多数社会成员的公共需要，经由公共程序并以政府为主导所实现的公共价值。[②] 公共政策的公共性特征，使这一概念有别于商事仲裁中经常出现的特定争议当事人的利益、受仲裁当事人利益辐射影响的不特定小群体的利益、其他社会个别群体的利益、地方政府的利益等缺乏公共政策概念下公共性特征的利益范畴。仲裁司法审查视角下公共政策的公共性，主要指是否违反以社会公众为利益主体、涉及整个国家或社会的政治、法律、经济、文化、道德等方面的共同利益。

值得注意的是，公共性的构成不能简单地以法律关系或者仲裁裁决当事人的多寡进行判断。公共性注重的是利益、原则或价值所辐射和影响的范围，而不是利益、原则或价值的原生主体。从公共性的标准进行衡量，司法审查的任务在于探究如何在具体案件或者具体当事人利益与公共利益之间建立一种合理的逻辑关系。如果缺乏这种合理的逻辑关系，不对公共性的构成进行精细的推演和区分，那么几乎所有与个体或者地

① 在我国立法中，将“公共政策”表述为“社会公共利益”或者“公序良俗”。

② 参见江必新主编：《新民事诉讼法理解适用与实务指南》，法律出版社2015年版，第226页。

方政府有关的仲裁事项最终都可以落入公共政策的藩篱之内。而解决这一问题的思路，就是在框定公共性要素时，必须加入根本性考量，公共性必须是体现了根本性的公共性。①

三、申请承认（认可）和执行外国及我国港澳特别行政区仲裁裁决相关法律问题

（一）司法审查的范围

在申请人俄罗斯联邦伏尔加格勒市诺瓦某有限责任公司（以下简称俄罗斯诺瓦某公司）与被申请人无棣县德某农业有限公司（以下简称无棣德某农业公司）申请承认与执行俄罗斯联邦工商局国际商事仲裁庭M-74/2021号仲裁裁决案②中，被申请人就系争仲裁裁决提出拒绝承认和执行的主要理由是，被申请人不是该案合同主体，在我国香港特别行政区注册的无棣德某农业公司才是该案合同主体。法院认为，案涉仲裁裁决作出地俄罗斯联邦是1958年《纽约公约》③ 的缔约国之一，且仲裁裁决所解决的争议按照我国法律属于商事法律关系所引起的争议，故对案涉仲裁裁决进行审查时适用《纽约公约》。俄罗斯诺瓦某公司已经提交了《纽约公约》第四条规定的文件，包括仲裁裁决及双方当事人之间的仲裁协议（《供应原材料的合同》中的仲裁条款），法院予以确认。

在该案中，被申请人就系争仲裁裁决提出拒绝承认和执行的主要理由是被申请人不是该案合同主体，香港特别行政区注册的无棣德某农业公司才是该案合同主体。法院经审查，该案合同上明确载明卖方是无棣德某农业公司，住所地在无棣，收款方是无棣泰某农业发展有限公司，

---

① 李娜：《仲裁司法审查实践中的“公共政策”研究》，载陈福勇主编：《北京仲裁》总第119辑（2022年第1辑），中国法制出版社2022年版，第50~84页。

② 山东省滨州市中级人民法院（2022）鲁16协外认2号民事裁定书。

③《纽约公约》，载联合国国际贸易法委员会官网，http://uncitral.un.org/sites/uncitral.un.org/files/media-documents/uncitral/zh/new-york-convention-c.pdf，访问时间：2023年6月29日。

并且该案涉外仲裁裁决的当事人也是申请人和被申请人，故被申请人是该案合同的当事人，其主张其不是该案合同当事人不能成立。就法院依职权审查的事项方面，法院经对该仲裁裁决进行审查，双方所争执的事项，依照我国法律，可以通过仲裁方式予以解决，承认或者执行该仲裁裁决也不存在公共秩序抵触问题。因此，案涉裁决不具有《纽约公约》第五条列举之拒予承认及执行的情形，应予承认与执行。

在申请人SIBIAR股份公司申请承认和执行俄罗斯联邦工商会国际商事仲裁院第M-1/2020号仲裁裁决案[①]中，被申请人收到裁决书，未提出不予承认的抗辩，其认为欠款本金与申请人请求一致，但是被申请人科某公司已进入破产程序，根据我国企业破产法的规定，相应逾期付款利息应计算至法院裁定进入破产程序之日（2021年2月3日）。法院认为，该案系申请承认外国仲裁裁决案。根据民事诉讼法第二百九十条（2023年修正后为第三百零四条）的规定，国外仲裁机构的裁决，需要中华人民共和国人民法院承认和执行的，应当由当事人直接向被执行人住所地或者其财产所在地的中级人民法院申请，人民法院应当依照中华人民共和国缔结或者参加的国际条约，或者按照互惠原则办理。我国与涉案仲裁裁决作出国俄罗斯联邦缔结有《关于民事和刑事中俄司法协助的条约》，[②] 该条约第二十一条规定："缔约双方应根据1958年6月10日在纽约签订的关于承认与执行外国仲裁裁决的公约，相互承认与执行在对方境内作出的仲裁裁决。"故该案应当根据《纽约公约》的相关规定进行审查。在该案中，被申请人科某公司未根据《纽约公约》第五条第一款的规定，对涉案仲裁裁决提出不予承认的抗辩。法院经审查，案涉裁决书亦不存在《纽约公约》第五条第二款规定的拒绝承认与执行的情形。故裁定承认案涉仲裁裁决。

在申请人凯某兴业有限公司（以下简称凯某公司）与被申请人朗某

---

① 江苏省无锡市中级人民法院（2022）苏02协外认1号民事裁定书。

② 《中华人民共和国和俄罗斯联邦关于民事和刑事司法协助的条约》，载司法部网站，http：//www.moj.gov.cn/pub/sfbgw/flfggz/flfggzflty/fltymssfxzty/201812/t20181225_151340.html，访问时间：2023年6月29日。

房地产开发（大连）有限公司申请认可我国香港特别行政区仲裁裁决案[①]中，被申请人认可收到香港国际仲裁中心（以下简称HKIAC）作出的仲裁裁决部分裁决和最终裁决，但不认可案涉仲裁裁决。法院认为，凯某公司申请认可的仲裁裁决系在我国香港特别行政区按《HKIAC机构仲裁规则》[②]所作出的裁决，应当按照《最高人民法院关于内地与香港特别行政区相互执行仲裁裁决的安排》（以下简称《安排》）及《最高人民法院关于内地与香港特别行政区相互执行仲裁裁决的补充安排》的规定进行审查。经过审查，案涉仲裁裁决不存在《安排》第七条所规定的可裁定不予执行的情形。裁定认可香港国际仲裁中心作出的案涉裁决。

（二）当事人提交材料的审查

在申请人Ecom Agroindustrial Corp. Ltd. Swizerland与被申请人青岛锦某国际贸易有限公司申请承认与执行外国仲裁裁决案[③]中，申请人就案涉外国仲裁裁决向人民法院申请承认和执行。法院认为，案涉仲裁裁决系在英国作出，英国与我国同为《纽约公约》成员国。对于应否承认和执行涉案仲裁裁决的审查标准，应适用我国民事诉讼法和《纽约公约》的相关规定。

根据《纽约公约》第四条规定，为了获得承认和执行，申请承认和执行裁决的当事人应该在申请时提供：（1）经正式认证的裁决正本或经正式核对的副本；（2）协议正本或经正式核对的副本；（3）如果上述裁决或协议不是用需承认和执行裁决国的官方语言作成，申请承认和执行裁决的当事人应该提交这些文件的此所在国译文。经查明，申请人已提交仲裁裁决书及协议经公证认证的副本及中文翻译，其申请在文件的提交方面符合《纽约公约》第四条的规定，法院予以审查认可。

---

① 辽宁省大连市中级人民法院（2022）辽02认港3号民事裁定书。

② 《2018HKIAC机构仲裁规则》，载香港国际仲裁中心网站，http：//www.hkiac.org/zh-hans/arbitration/rules-practice-notes/hkiac-administered-2018，访问时间：2023年6月29日。

③ 山东省青岛市中级人民法院（2021）鲁02协外认3号民事裁定书。

在承认及执行程序正式启动之前，申请人应当按照《纽约公约》规定的形式要件提交相关申请文件，未能提供或者未能完全提供会产生程序方面的不利后果。为了避免在案件立案受理之后发现形式要件欠缺而产生程序的过度拖延，受案法院有必要在审查立案阶段依照《纽约公约》的规定对申请人课以较为严格的文件提交义务。2021 年 12 月 31 日最高人民法院发布的《全国法院涉外商事海事审判工作座谈会会议纪要》（以下简称《会议纪要》）第一百零五条规定，申请人提交的材料不符合《纽约公约》第四条规定的，人民法院应当认定其申请不符合受理条件，并裁定不予受理。

案件立案受理之后的情况较为复杂。法院立案之后，如果发现申请人提交的材料不符合《纽约公约》第四条的规定，应当如何处理，在实践中亦存在不同做法。案件立案受理之后，如果仍然发现申请人提交的材料不符合《纽约公约》第四条规定的情形，可以根据申请人未能提交的原因，需要补交材料的类别、内容，补交材料所需的时间等进行综合评判。如果补充提交相关材料可能导致审查程序的过度迟延，应当按照上述《会议纪要》第 105 条的规定裁定驳回申请。

（三）争议事项的可仲裁性

在申请人路某瑞士公司与被申请人青岛保税区某交易市场有限公司申请承认和执行外国仲裁裁决案[①]中，申请人向法院申请承认和执行国际棉花协会作出的仲裁裁决。被申请人未到庭陈述意见亦未提交书面意见。法院认为，该案仲裁裁决的事项系国际商事合同纠纷，依据我国民事诉讼法、仲裁法的规定属于可经仲裁解决的纠纷。

关于争议的可仲裁性，是指仲裁作为一种解决纠纷的方式，可以解决哪些争议而不能解决哪些争议。[②] 一般认为，可仲裁性问题实际上是一

---

① 山东省青岛市中级人民法院（2021）鲁 02 协外认 19 号民事裁定书。

② 杨弘磊：《中国内地司法实践视角下的〈纽约公约〉问题研究》，法律出版社 2006 年版，第 326 页。

国法律对仲裁范围所施加的限制。可仲裁争议是一个国家允许以仲裁解决的争议，不可仲裁争议是一个国家以法律禁止仲裁，并坚持以国家法院（或其他法定机构）审理的争议。传统上，对可否仲裁的判断是以法定请求与契约请求的区分为基础的。基于契约的争议，通常涉及的是契约的成立、契约适用的法律、契约的履行和违约责任等，关涉的是私人可以自由处分的权利，可以通过协议交付仲裁。而基于法律（制定法）的争议，如基于破产法、竞争法、货币交易法、进出口法、税法等争议，通常处于可以协议仲裁解决的范围以外，不具有可仲裁性。①

从我国仲裁法的现有规定来看，既以概括方式规定了可以仲裁的事项，也以列举的方式规定了不能仲裁的内容。即“平等主体的公民、法人和其他组织之间发生的合同纠纷和其他财产权益纠纷，可以仲裁”。“下列纠纷不能仲裁：（一）婚姻、收养、监护、扶养、继承纠纷；（二）依法应当由行政机关处理的行政争议。”在实践中需要注意的是，应当由行政机关处理的行政争议，常见的往往是与行政机关的行使职权行为密切相关。例如，商标权属纠纷中往往涉及有关商标主管部门的赋权行为的正当性，将此类纠纷排除在仲裁管辖范围之外也是可以理解的。再如，宣告专利无效或者撤销的请求不能提交仲裁解决，因为这样的程序影响国家行政行为授予的权利，因而不能由当事人协议处分。所以，这类权利应该通过司法途径解决，因为司法途径能够建立或改变不仅对当事人而且对所有人都产生效力的法律关系。②

（四）仲裁送达程序

在申请人 Ecom Agroindustrial Corp. Ltd. Switzerland 与被申请人青岛锦某国际贸易有限公司申请承认与执行外国仲裁裁决案③中，被申请人拒绝

---

① See Thomas E. Carbonneau with François Janson, Cartesian Logic and Frontier Politics: French and American Concepts of Arbitrability, 2 *Tul. J. Int'l & Comat L.* 193 (1994).

② See Daniel Paul Simms, Arbitrability of Intellectual Property Disputes in Germany, *Arbitration International*, Vol. 15, No. 2 (1999), pp. 194-197.

③ 山东省青岛市中级人民法院（2021）鲁02协外认3号民事裁定书。

承认与执行裁决的其中一项理由是，被申请人未收到仲裁申请书、仲裁开庭通知，导致仲裁庭作出缺席裁决，仲裁程序违法。法院查明，双方签订的合同中载明了被申请人地址，后被申请人工商登记的注册地址发生变更。仲裁庭通过电子邮件向被申请人邮箱发送案涉仲裁员名单、仲裁员行为准则、裁决书等相关材料。被申请人庭审中认可×××@ 163. com是其使用的邮箱。法院认为，仲裁庭已经通过电子邮件的方式向被申请人送达了仲裁通知、仲裁申请、指派仲裁员通知及仲裁裁决。仲裁庭向该电子邮箱的送达，符合仲裁规则，应视为送达。对于被申请人提出的未收到仲裁开庭时间、地点通知书的抗辩，法院认定本案仲裁未进行口头庭审，亦不需要通知被申请人开庭时间。而裁决书载明裁决地点位于英格兰利物浦，符合合同及仲裁规则的要求，故申请人的该抗辩主张不予采纳。

（五）因故未能陈述意见

在五某资本一期基金（以下简称五某资本）申请认可和执行香港特别行政区香港国际仲裁中心作出的HKIAC/A20001号仲裁裁决案[①]中，五某资本申请认可香港国际仲裁中心作出的案涉仲裁裁决。被申请人达某集团有限公司（以下简称达某集团）主张，其因故未能陈述意见，根据《安排》第七条第一款第二项的规定，案涉裁决书不应在内地得到执行。法院认为，案涉裁决书第四部分“程序历史”中详细记载了仲裁庭与各方当事人之间的沟通经过，包括仲裁庭通过纸质文件、电子邮件向两被申请人送达有关通知及指示令的详细情况，仲裁庭也曾收到达某集团、李某通过电子邮件反馈的意见。由于电子邮件的送达方式符合《香港国际仲裁中心机构仲裁规则》的规定，故仲裁庭通过电子邮件进行的通知亦为有效通知。达某集团、李某也认可在2020年12月20日前与仲裁庭是有联系的，至2020年12月20日之后，从裁决书的记载来看，仲裁庭

① 天津市第二中级人民法院（2022）津02认港1号民事裁定书。

并未进行可能对两名被申请人权益造成影响的其他程序，两名被申请人亦未对此进行举证证明，故其主张案涉裁决书存在《安排》第七条第一款第二项规定的被申请人因他故未能陈述意见的情形依据不足。故裁定认可并执行案涉仲裁裁决。

（六）案外人申请不予执行的主体资格

在复议申请人中某资产管理有限公司（以下简称中某公司）申请复议案[①]中，法院查明，在金某国际投资企业有限公司（以下简称金某国际）与北京美某科技有限公司（以下简称北京美某）仲裁裁决纠纷案中，案外人中某公司向北京市第二中级人民法院提出不予执行案涉裁决申请，北京市第二中级人民法院认为现有证据不足以证明中某公司主张的权利或者利益合法，裁定驳回其提出的不予执行申请。中某公司向北京市高级人民法院申请复议。两级法院均认为，案外人申请不予执行仲裁裁决，应当同时具备以下四个条件：（1）案外人系权利或者利益的主体；（2）案外人主张的权利或者利益合法、真实；（3）仲裁案件当事人之间存在虚构法律关系、捏造案件事实的情形；（4）仲裁裁决主文或者仲裁调解书处理当事人民事权利义务的结果部分或者全部错误，损害案外人合法权益。并且，案外人应当完成对上述条件的证明责任。北京市高级人民法院在查明事实的基础上认为，鉴于该案的事实已经发生变化，中某公司具备“案外人系权利或者利益的主体”“其权利或者利益合法、真实”两个构成要件，是适格的案外人，有权利提出不予执行案涉裁决的申请。另外，受限于执行裁决程序的审查程度，依据现有证据，尚不足以确信金某国际与北京美某公司之间存在虚构法律关系、捏造案件事实的情形，故对于中某公司关于不予执行案涉裁决的申请，难以支持。因此，驳回中某公司不予执行案涉裁决的复议申请。

---

① 北京市高级人民法院（2019）京执复193号-1执行裁定书。

（七）被执行人无可供执行财产的处理

在申请执行人路某瑞士公司与被申请人青岛保税区某交易市场有限公司申请承认与执行外国仲裁裁决案①中，法院在执行过程中，依法向被执行人发出执行通知书，责令其限期履行义务，被执行人逾期未履行义务。通过查控系统查询了被执行人的房产、银行存款、车辆、有价证券、保险等财产情况，暂时未发现被执行人有其他可以执行的财产。轮候查封被执行人名下房产一处，该案无法处置。经现场调查，被执行人已不经营，已将上述被执行人纳入限制消费名单。对申请执行人进行了终本约谈，申请执行人无法提供其他可供执行的财产线索，同意终结本次执行程序，并申请执行转破产。综上所述，该案应终结本次执行程序，待具备执行条件后，申请执行人可申请恢复执行。故裁定终结本次执行程序。

① 山东省青岛市中级人民法院（2022）鲁02执262号执行裁定书。

虚假仲裁及其司法审查实践问题研究

张 梅*

随着仲裁事业的蓬勃发展，仲裁在以其灵活、高效、私密等特点被当事人选择的同时，也难免成为当事人追逐不当利益的工具。特别是自2016年以来，以互联网仲裁方式处理批量金融案件增多，虚假仲裁案例频出，逐渐成为理论界和实务界的关注焦点。虚假仲裁不仅损害了案外人的合法权益，还破坏了商事仲裁秩序，虽然在所有仲裁案件中所占比重不高，但对仲裁公信力的破坏力极大，必须予以充分重视。

一、虚假仲裁的概念、特点及产生原因

（一）虚假仲裁的概念

虚假仲裁属于我国司法实践中产生的概念，对其定义可借鉴虚假诉讼的相关定义。《最高人民法院关于防范和制裁虚假诉讼的指导意见》规定："虚假诉讼一般包含以下要素：（1）以规避法律、法规或国家政策谋取非法利益为目的；（2）双方当事人存在恶意串通；（3）虚构事实；（4）借用合法的民事程序；（5）侵害国家利益、社会公共利益或者案外人的合法权益。"因此，虚假诉讼的基本内核是诉讼当事人虚构事实，通过诉讼的方式获得具有法律效力的裁判文书，损害国家、社会或者案外

* 最高人民法院民事审判第四庭三级高级法官。

第三人的利益。

参考上述定义，虚假仲裁应指双方当事人恶意串通提起仲裁，通过虚构法律关系、提供虚假陈述或者伪造证据等手段，取得仲裁裁决，侵害国家、社会或者案外人利益的行为。

（二）虚假仲裁产生的原因

1. 内在原因

内在原因主要指因仲裁法的基本原则、基本制度以及仲裁程序特点所致。

（1）当事人的意思自治是仲裁制度的本质属性，当事人可以选择仲裁地点、仲裁机构、仲裁员、审理方式、开庭形式、仲裁语言、仲裁事项及仲裁规则等；仲裁程序中的保密性原则能有效保护当事人的商业秘密和贸易活动，减少当事人身陷纠纷的不良影响及商业秘密的不当泄露；一裁终局制度则保障了商事主体追求及时高效解决纠纷、降低成本的现实需求。但在虚假仲裁中，这些仲裁优势被不当利用，当事人以意思自治外观掩盖其违法行为，以保密性原则排除案外人的知情及参与，以一裁终局快速解决虚假纠纷使得案外人毫无救济的时间，此时仲裁的优势反而成了案外人保障其合法权益的壁垒。[①]

（2）仲裁程序特点被刻意利用。例如，相较于诉讼调解，仲裁调解没有“查清事实、分清是非”的实体规定，[②] 也没有可操作性的程序规定，仲裁法仅有两个条文[③]对仲裁调解制度进行规定，且仲裁员往往对当事人达成的调解协议不作审查，给虚假仲裁当事人利用仲裁调解留下了更大空间。另外，仲裁证据规则同样存在被利用的可能。[④] 在仲裁程序

---

① 参见李昌超：《论仲裁案外人权利救济》，载《甘肃理论学刊》2013 年第 6 期。

② 民事诉讼法第九十六条规定：“人民法院审理民事案件，根据当事人自愿的原则，在事实清楚的基础上，分清是非，进行调解。”

③ 仲裁法第五十一条和第五十二条。

④ 参见汪勇钢、陈伟君：《在幻象中寻求突破：虚假仲裁现象研究——兼议案外人取消仲裁裁决异议之诉制度的构建》，载《法律适用》2012 年第 1 期。

中，当事人负责举证证明案件事实，仲裁庭一般不主动调查收集证据，当事人提交的证据符合形式要件即可，仲裁庭对于裁决需查明的事实的认定也主要基于当事人提交的证据，并非基于严格的客观真实，为虚假仲裁当事人提交虚假证据提供了可乘之机。

2. 外在原因

虚假仲裁的外在原因由多方面因素共同作用组成。

（1）制裁措施不完善。我国民事诉讼法所规定的妨害民事诉讼的司法强制措施制度和刑法对于构成虚假诉讼罪或拒不执行判决、裁定罪的虚假仲裁行为人追究刑事责任的制度均不完善，在一定程度上导致了虚假仲裁的“监管真空”。

首先，民事诉讼法第一百一十四条规定，对于伪造、毁灭重要证据，妨碍人民法院审理案件的，或拒不履行人民法院已经发生法律效力的判决、裁定的，人民法院可根据情节轻重予以罚款、拘留。该条规定的司法强制措施仅针对妨害民事诉讼程序中的当事人，且妨害民事诉讼司法强制措施对于违法行为人而言违法成本过低，无法起到震慑和惩处效果。《最高人民法院关于适用〈中华人民共和国民事诉讼法〉的解释》第一百八十八条规定的拒不履行人民法院已经发生法律效力的判决、裁定的情形，并未明确是否包括通过虚假仲裁转移财产、逃避执行的情形。[①] 各地法院对于虚假仲裁行为是否适用民事诉讼法所规定的司法强制措施存在认识分歧，致使对于虚假仲裁采取司法强制措施的实际执行率较低。

其次，对于恶意串通伪造证据、虚构法律关系提起虚假仲裁的行为能否构成虚假诉讼罪的问题存在一定争议。支持性观点认为，仲裁具有

① 《最高人民法院关于适用〈中华人民共和国民事诉讼法〉的解释》第一百八十八条：“民事诉讼法第一百一十四条第一款第六项规定的拒不履行人民法院已经发生法律效力的判决、裁定的行为，包括：（一）在法律文书发生法律效力后隐藏、转移、变卖、毁损财产或者无偿转让财产、以明显不合理的价格交易财产、放弃到期债权、无偿为他人提供担保等，致使人民法院无法执行的；（二）隐藏、转移、毁损或者未经人民法院允许处分已向人民法院提供担保的财产的；（三）违反人民法院限制高消费令进行消费的；（四）有履行能力而拒不按照人民法院执行通知履行生效法律文书确定的义务的；（五）有义务协助执行的个人接到人民法院协助执行通知书后，拒不协助执行的。”

准司法性，属于广义的司法活动，应适当扩张虚假诉讼罪的范围，将虚假仲裁纳入虚假诉讼的范畴。[①] 反对性观点认为，在刑法未将仲裁“视为”司法的前提下，司法机关不能将虚假诉讼扩大至虚假仲裁，否则将违反罪刑法定原则。而对于当事人通过虚假仲裁得到裁决后，恶意向法院申请强制执行，导致案外人利益受损的行为，各地法院对该行为是否成立虚假诉讼罪抑或拒不执行判决、裁定罪亦做法不一。特别是在最高人民法院和最高人民检察院配合协作、多管齐下严打严防虚假诉讼[②]以及刑法修正案（九）将虚假诉讼入刑的背景下，虚假仲裁更加成为当事人谋取不当利益所选择的主要手段。

（2）案外人救济途径不足。主要表现在：一是案外人不具有申请撤销仲裁裁决的资格。二是案外人申请不予执行仲裁裁决存在困难，案外人很难通过常规渠道参与到仲裁流程中去，对自身权益何时被侵犯无从知晓，或知道权益被损害时早已过了申请期限或执行程序已经结束。即便仲裁案外人获悉合法权益被损害，也难以获得仲裁当事人仲裁环节的相关资料，向人民法院提起不予执行仲裁裁决时往往因证据不足被驳回申请。三是执行异议之诉是否适用于仲裁案件的案外人缺乏明确的法律依据。

（3）监督管理体系不完备。从我国仲裁监督的整体建设来看，对于仲裁的监督主要包括仲裁机构内部监督、行业监督、司法监督、行政监督和社会监督等。目前，综合运用各类监督方式的能力有限，仲裁机构内部监督体系尚未有效确立，仲裁行业监督缺失，仲裁司法审查的监督范围有限，仲裁行政监督未发挥应有效力，仲裁社会监督在实践中收效甚微，导致形成仲裁行业管理缺失的状况。

---

① 参见马贤兴：《虚假诉讼与虚假仲裁的治理路径》，载《人民检察》2018 年第 3 期；韩雅杰：《应当重视对虚假仲裁的检察监督》，载《检查调研与指导》2019 年第 3 期；袁超岚：《虚假仲裁亟待治理》，载《人民之友》2018 年第 1 期。

② 参见张明楷：《虚假诉讼罪的基本问题》，载《法学》2017 年第 1 期；《虚假诉讼行为的刑法规制——兼评刑法修正案（九）（草案）第 34 条》，载《东南大学学报（哲学社会科学版）》2015 年第 2 期。

（三）虚假仲裁的特征及识别

1. 虚假仲裁的特征

从目前可检索到的认定为虚假仲裁的案件来看，虚假仲裁在实践中主要有以下特征。第一，从主体来看：虚假仲裁往往由具有特定关系的行为人之间互相串通完成，例如自然人主体之间系配偶、父母、子女、同学、亲友等特殊关系，法人或其他组织主体之间存在关联关系、投资关系等。第二，从程序选择来看：行为人往往选择简易程序或独任审理程序，并放弃仲裁程序中的全部期限性权利，倾向于调解结案，调解协议的达成和调解书的履行异常容易和顺利，目的在于最大限度缩短审理时间并节约成本。第三，从实体争议来看：行为人通常不对基本事实和证据的真实性作实质争辩，仅对其他非要件事实诸如还款期限、利息或罚息的计算、仲裁费用的承担、房产附属物的归属等非关键细节作象征性的争议，以期尽快完成仲裁程序。第四，从证据来看：案件证据通常缺乏完整性，多呈现碎片化、零散化，往往仅包括单项证据，例如借条、离婚协议、买卖合同、转账凭证、遗嘱、以物抵债协议等，缺乏其他支持性或辅助性证据，很难形成完整的事实或证据链条。第五，从代理人来看：虚假仲裁行为人一般不委托律师代理其案件。[①]

2. 虚假仲裁的识别

虚假仲裁常见于法律关系简单、便于虚构、捏造事实或者由于物权或其他权属变动对自身或他人的权益影响重大的案件中，从仲裁实务中受理的仲裁案件类型来看，主要有以下类型案件：第一，确权类案件，包括房产类确权案件，可能涉及一房二卖、以房抵债、房屋继承、规避限售限购等行政监管措施等问题；股权确权案件，可能涉及案外人利益、为规避股权交易中需要缴纳的税费或可能涉及公司控制权争议；建设工程优先受偿权确认案件，可能涉及案外第三人利益。例如，甲乙共同出

① 参见牟正浩、刘允霞：《虚假仲裁规制与案外人权利保障》，载《法律适用》2020 年第 17 期。

资购买一套房产，并将其登记在乙名下。之后，甲乙发生纠纷，乙为占有该房产，遂与丙恶意串通，伪造了房产买卖合同，并据此仲裁，仲裁机构裁决乙向丙交付房屋。第二，民间借贷案件，可能涉及利益输送、转移资产、刑事犯罪（如洗钱）等问题。如为逃避偿还案外人的债务，甲公司与乙公司恶意串通，伪造抵债协议书及相关证据，并据此仲裁。双方共同选定简易程序及熟悉的独任仲裁员且提前组庭，从而在较短时间内获得仲裁裁决。第三，委托咨询案件，可能涉及以合法形式掩盖非法目的、违法犯罪、利益输送等问题。

3. 人民法院认定成立虚假仲裁的案件情况

根据类案检索情况，目前人民法院直接认定成立虚假仲裁的情形并不多，大多是以否定仲裁裁决效力或不予执行的方式作出相应裁判。

（1）仲裁违反法定程序。在广东省广州市中级人民法院审理的申请人陈某玉申请不予执行仲裁裁决一案中，陈某玉主张其并未与陈振威签订案涉《房屋买卖协议》，且对佛山仲裁委员会（2011）佛仲字第134号仲裁案完全不知情，其既未收到过佛山仲裁委员会的任何通知或材料，也未委托过律师参与仲裁，故以仲裁的程序违反法定程序及裁决所根据的证据是伪造的为由申请不予执行该仲裁裁决。广州市中级人民法院委托广东省绿色产品认证检测中心司法鉴定所对（2011）佛仲字第134号仲裁案中的仲裁申请书、授权委托书及《房屋买卖协议》上显示为“陈某玉”的签名进行鉴定，显示“陈某玉”的签名均非本人所签。上述事实足以证明陈某玉向佛山仲裁委员会提起（2011）佛仲字第134号案的仲裁申请，委托广东润正律师事务所的李某律师作为仲裁案的代理人以及裁决所根据的《房屋买卖协议》都不是陈某玉的真实意思表示。故陈某玉以仲裁的程序违反法定程序、裁决所根据的证据是伪造的为由申请不予执行案涉仲裁裁决的理由成立，法院依法裁定不予执行案涉仲裁裁决。[①]

---

① 参见广东省广州市中级人民法院（2014）穗中法执仲字第26号民事裁定书。

（2）仲裁缺乏核心证据。在河南省焦作市中级人民法院审理的原告马某刚诉被告曹某香、曹某胜、刘某玲执行异议之诉一案中，马某刚主张曹某胜2009年10月6日所写的借条是虚假的，曹某香与曹某胜系亲姐弟关系，双方在仲裁时相互配合，有明显的恶意串通行为。曹某香与曹某胜在执行异议之诉中以曹某胜2009年10月6日所写的借条销毁为由没有提供借条原件。法院认为，因该借条是案涉裁决书的核心证据，该证据原件在焦作仲裁委员会的仲裁卷宗中也未见到，对方当事人隐瞒了足以影响公正裁决的证据，人民法院裁定不予执行案涉仲裁裁决书。①

（3）仲裁行为明显异常。在四川省高级人民法院审理的原告唐某新诉被告刘某、于琳、四川佰某实业有限公司、秦某旭、成都杰某科技有限公司与公司有关的纠纷一案中，法院认定刘某与秦某旭约定的股权转让价格明显不合理，属于低价转让，双方签订《股权转让协议》时具有主观恶意，属恶意串通，该协议的履行损害了唐某新的利益。唐某新、刘某另行仲裁确认《股权转让协议》的效力，然而此合同效力为二人诉讼中的争议之一，二人本可在诉讼中积极举证，无须另行投入，即可得到相应结果，二人却愿意付出高额仲裁费另寻仲裁，其目的是利用仲裁程序的快捷和终局性对抗法院判决，规避法院管辖。虽然案涉仲裁裁决对刘某与秦某旭签订的《股权转让协议》效力作出了认定，但合同效力属于人民法院依职权审查的范畴。本案现有证据已经足以认定刘某与秦某旭之间存在恶意串通的事实，秦某旭为非善意第三人，法院判决双方签订的《股权转让协议》无效。②

---

① 参见河南省焦作市中级人民法院（2015）焦民三初字第00065号民事裁定书。

② 参见四川省高级人民法院（2014）川民初字第7号民事判决书。

二、虚假仲裁的救济及相应的司法实践

（一）虚假仲裁的救济途径及其分析

1. 申请不予执行仲裁裁决

《最高人民法院关于人民法院办理仲裁裁决执行案件若干问题的规定》（以下简称《仲裁裁决执行规定》）第九条第一项规定，有证据证明仲裁案件当事人恶意申请仲裁或者虚假仲裁，损害其合法权益的，案外人可向人民法院申请不予执行仲裁裁决或者仲裁调解书。

（1）该条规定虽然赋予了案外人向执行法院申请不予执行仲裁裁决的权利，但仅限于执行尚未终结前，而虚假仲裁往往不进入执行程序，即不予执行制度只能对给付裁决施加实质性影响，却不能监督不需要执行的确认裁决和形成裁决。[①]

（2）该条规定要求案外人“有证据证明”存在虚假仲裁，无形中增加了案外人的救济成本、提高了救济难度。案外人很难通过常规渠道参与仲裁流程，通常对自身权益何时被侵犯一无所知，或知道权益被损害时早已过了申请期限或执行程序已经结束。即便仲裁案外人获悉其合法权益被损害，也无法获得仲裁当事人仲裁环节的相关资料，向人民法院提起不予执行仲裁裁决时往往因证据不足被驳回申请。

（3）救济效果不彻底，案外人申请不予执行仲裁裁决，只是在执行效果上产生阻却力，并非对作为执行依据的仲裁裁决效力的完全否定，对裁决的法律效果也不溯及既往地消灭，不能终局性地解决虚假仲裁的效力问题。

2. 另行起诉

另行起诉包括两种情况，一种是案外人对虚假仲裁者的侵权行为提

---

① 宋朝武：《我国仲裁制度：弊端及其克服》，载《政法论坛》2002 年第 6 期。

起侵权之诉，另一种是案外人基于实体利益另行起诉。[①]

（1）关于侵权之诉。虚假仲裁当事人通过虚假仲裁行为，给案外人财产利益造成损害，且虚假仲裁当事人主观上存在过错，符合侵权的构成要件。但在仲裁裁决被撤销前，案外人提起独立的侵权之诉存在诸多障碍。第一，根据《最高人民法院关于民事诉讼证据的若干规定》第十条第一款第五项的规定，[②] 已为仲裁机构的生效裁决所确认的事实当事人无须举证证明，如果在虚假仲裁裁决已经认定事实的基础上提起侵权之诉，侵权事实并不能成立。第二，即使案外人摆脱了虚假仲裁裁决所确定事实的限制并取得了有利判决，又会存在法院判决和仲裁裁决相互矛盾的情况，在执行阶段也会存在问题。[③] 第三，目前民法典侵权责任编所保护的民事权益限于绝对权益，即民事权益仅在具有对世性的前提下，才能成为侵权法的保护客体。[④] 而债权系特定人向特定人请求为特定行为的权利，不具有对抗第三人的效力，故债权权益不在侵权责任法的保护范围之内。而虚假仲裁所侵犯的案外人利益很多时候包括债权，例如通过虚假仲裁逃避执行的情况，对于侵犯债权的行为并不能通过侵权之诉寻求救济。

（2）关于实体权益之诉。根据既判力的相对性原则，虚假仲裁裁决的效力仅局限于仲裁当事人之间，对案外人并不产生拘束力，案外人完

---

① 参见董暖、杨弘磊：《虚假仲裁案外人权利的司法救济研究》，载《法律适用》2017年第21期。

② 《最高人民法院关于民事诉讼证据的若干规定》第十条规定："下列事实，当事人无须举证证明：（一）自然规律以及定理、定律；（二）众所周知的事实；（三）根据法律规定推定的事实；（四）根据已知的事实和日常生活经验法则推定出的另一事实；（五）已为仲裁机构的生效裁决所确认的事实；（六）已为人民法院发生法律效力的裁判所确认的基本事实；（七）已为有效公证文书所证明的事实。前款第二项至第五项事实，当事人有相反证据足以反驳的除外；第六项、第七项事实，当事人有相反证据足以推翻的除外。"

③ 参见李昌超：《论仲裁案外人权利救济》，载《甘肃理论学刊》2013年第6期。

④ 侵权责任法第二条第二款规定："本法所称民事权益，包括生命权、健康权、姓名权、名誉权、荣誉权、肖像权、隐私权、婚姻自主权、监护权、所有权、用益物权、担保物权、著作权、专利权、商标专用权、发现权、股权、继承权等人身、财产权益。"民法典侵权责任编没有列举侵权责任编保护的民事权益的具体类型，是因为民法典具有体系化构造的立法特征，需要结合总则编"民事权利"章和各分编的具体权利规定作出系统解释。

全可以基于其实体利益另行起诉。从理论上讲，案外人基于其实体利益所提起的诉讼没有经过法院或者仲裁机构处理，因此法院不应拒绝审理。而且另行起诉的主张和事实依据也不同于先前仲裁的主张和事实依据，并不存在矛盾的问题。① 但是在执行层面，由于虚假仲裁裁决的存在，虚假仲裁裁决和实体权益之诉所获取判决的执行标的可能存在矛盾，或者因为虚假仲裁裁决的执行，后诉的判决就难以获得实际执行，这就使得实体权益之诉的判决被架空了。②

3. 提起执行异议之诉

民事诉讼法第二百三十六条规定，当事人、利害关系人认为执行行为违反法律规定的，可以向负责执行的人民法院提出书面异议。《最高人民法院关于适用〈中华人民共和国民事诉讼法〉的解释》第三百一十条第一款第一项规定，案外人就执行标的享有足以排除强制执行的民事权益的，判决不得执行该执行标的。根据上述法律规定，案外人执行异议之诉是案外人以其对执行标的享有足以排除强制执行的民事权益为由，请求法院排除对该执行标的执行的诉讼。法院判决及仲裁裁决本身对案外人不发生拘束力，但生效法律文书的执行则可能影响案外人的民事权益，故案外人的民事权益与生效法律文书权利人的执行请求权何者应获得司法保护，实际上是一个需要通过诉讼程序来解决的民事纠纷，案外人提起执行异议之诉的目的并非否定执行依据的法律效力，而是通过否定申请执行人对特定执行标的的执行请求权，达到排除法院对执行标的的执行、维护自身民事权益的目的。

此种救济途径在实务中面临三方面问题：一是执行机构通过执行异议程序对实体法律关系进行审理，明显有违审执分离的理念，以形式程序处理实质争议的正当性易遭质疑。③ 二是执行异议之诉关注的是能否排

① 参见张卫平：《既判力相对性原则：根据、例外与制度化》，载《法学研究》2015 年第 1 期。

② 参见董暖、杨弘磊：《虚假仲裁案外人权利的司法救济研究》，载《法律适用》2017 年第 21 期。

③ 参见李柏正、张一土：《仲裁案外人的权利救济研究》，载上海市法学会主编：《上海法学研究集刊（2020 年）》，上海人民出版社 2020 年版，第 76 页。

除法院的执行，不涉及对原仲裁裁决的审查问题，故无法解决在先裁决的效力问题。[①] 三是该程序仅能排除对特定标的的执行，前提条件是已经进入了执行程序，但对于不进入执行程序或没有执行标的的虚假仲裁则无法适用。

（二）比较法视野之下的案外人权利保护

1. 法国：案外人取消仲裁裁决异议制度

法国的案外人取消仲裁裁决异议制度起源于司法判例，包括巴黎上诉法院在内的大量判例认为，仲裁裁决书甚至外国仲裁裁决的执行决定书均属于可提起撤销之诉的判决类型。[②] 2011 年 1 月，法国政府颁布了新仲裁法（2011-48 号法案），编排于法国民事诉讼法典第四编。[③] 该法典第 1501 条规定，仲裁案外人有权向具备管辖权的法院提起本法第 588 条第 1 款规定的案外人撤销之诉。[④] 第 588 条第 1 款规定："有权起诉的主体是对其所攻击的判决有利益存在，且没有在形成该判决的诉讼程序中充当当事人或参与诉讼的任何人。"[⑤] 该次修法扩大了第三人异议之诉的客体，将仲裁裁决书列入了第 588 条第 1 款规定的"判决"中，上述两个条文构建了法国仲裁案外人取消仲裁裁决异议制度。

（1）关于申请主体，有三点要求：一是利益相关，即适格主体应当利益相关但不限于实体利益，精神利益乃至纯粹的可能利益均可，同时并不要求第三人证明其利益已经受到损害；二是非仲裁当事人，指既非仲裁协议的签订方，也没有因实体关系的牵连被引入仲裁程序中的案外

---

① 参见冼景宏：《虚假仲裁中案外人权益之侵权法救济（上）》，载《仲裁研究》2019 年第 3 期。

② 参见巢志雄：《法国第三人撤销之诉研究——兼与我国新〈民事诉讼法〉第 56 条第 3 款比较》，载《现代法学》2013 年第 3 期。

③ 参见朱伟东：《法国最新〈仲裁法〉评析》，载《仲裁研究》2013 年第 3 期。

④ See：Jennifer Kirby，"Introductory Note by the 2011 French Law on Arbitration"，International Legal Materials 50，no. 2（2011）. 转引自牛正浩、刘允霞：《虚假仲裁规制与案外人权利保障》，载《法律适用》2020 年第 17 期。

⑤ 《法国新民事诉讼法》，罗结珍译，载中国法制出版社 1999 年版，第 117 页。

人；三是他人未曾代理仲裁，指不仅自己未参加仲裁程序，也没有代表其利益的人参与仲裁程序。①

（2）关于提出异议的方式，包括主诉与附诉两种。法国民事诉讼法典第587条规定："第三人以本诉请求对判决提出异议，应当向作出受到攻击的判决的法院提出；对第三人提出的异议，得由同一司法官作出裁判。第三人对非讼案件所作的判决提出异议，依争讼案件之程序规则审理与裁判。"第588条规定："对法院受理的争议提出的附带的第三人异议，如该法院是作出判决的法院的上级法院，或者如该法院是同级法院，没有任何具有公共秩序性质的管辖权规则相抵触，附带异议得由受理争议的法院裁判之；在此情况下，第三人异议，按附带诉讼请求之相同方式提出。其他情形，附带提出的第三人异议，经本诉讼途径，向作出判决的法院提出。"②

（3）关于管辖法院，法国民事诉讼法典第1481条规定："仲裁裁决，可以向如不诉诸仲裁即有权管辖案件的法院提出第三人异议。"③

（4）关于裁判规则，法国民事诉讼法典第591条规定："确认第三人异议成立的裁判决定，仅就有损该第三人利益的争议点，撤销或改判受到攻击的判决；在当事人之间原判决仍保留其效力，甚至已被撤销的争议点，亦仍有效力。但是，有关第三人异议的既判事由，仅在依第584条之规定对所有当事人进行召唤之后，始对所有当事人具有既判力。"④依此规定，在确认第三人异议成立后法院仅就有损于该第三人利益的原裁决事项作出取消或者改判的判决，而且仅该部分对第三人产生效果，原裁决在其当事人之间仍然保持其原有效力。

---

① 参见李昌超、霍柯言：《仲裁案外人权利救济体系探赜》，载《山西师大学报（社会科学版）》2014年第3期。

②③④ 《法国新民事诉讼法》，罗结珍译，中国法制出版社1999年版，第117页。

（5）关于提起异议的诉讼时效，法国民事诉讼法典第586条①作出了三种规定。一是主诉提起的正常期间为三十年，自裁决作出之日起计算，法律另有规定的除外；二是如果案外人收到通知并知晓仲裁裁决的存在，且该通知对期间和异议提起方式均有明确说明，那么案外人提出取消裁决的异议期间为裁决通知之日起两个月；三是附诉的提起期间不受限制。② 这样既避免了知情的案外人怠于行使权利，又给不知情的案外人预留了充分的时间提出异议，兼顾了效率与公正。

（6）关于法律后果，一是法院受理异议即中止执行；二是法院若认定案外人异议成立，仅异议涉及之部分被撤销或改判；三是当事人不服判决可上诉。③

法国对案外人取消仲裁裁决异议的申请主体、异议方式、管辖法院、裁判规则、诉讼时效及法律后果都作出了较为完善的规定，但最长达三十年的异议期极易影响仲裁裁决的稳定性、影响公众对仲裁高效性的判断。

2. 英国：仲裁庭证据审查权扩大化

英国现行仲裁成文法为1996年颁布的英国仲裁法，相比1979年立法强化了仲裁庭的证据审查权。具体体现在：（1）仲裁庭可以决定所有的证据问题，有权决定当事人所提交材料的相关性、可采性和重要性；（2）仲裁当事人有强制的证据披露义务，仲裁庭可出于全面审查的需要，要求当事人在任何阶段提交何种规格的证据或材料；（3）仲裁庭有权在个案

---

① 法国民事诉讼法典第586条规定："第三人取消判决的异议，作为本诉讼请求，在三十年期间均可提出；期间自判决之日起开始计算，法律另有规定者除外。对受到在另一诉讼过程中提出的判决损害的人可以无时间限制提出第三人取消判决的异议。争讼案件，已经受到判决通知的第三人，仅在此项通知起两个月内提出第三人取消判决的异议，始予受理；但如判决通知中明确指出了第三人享有的期限以及可以提出上诉的方式，则不在此限。非讼案件，如终审判决已为通知，亦同。"引自《法国新民事诉讼法》，罗结珍译，中国法制出版社1999年版，第117页。

② 参见李昌超：《论仲裁案外人权利救济》，载《甘肃理论学刊》2013年第6期。

③ See Kathrin Betz, Proving Bribery Fraud and Money Laundering in International Arbitration, Cambridge University Press, 2017. 转引自颜韵：《再论虚假仲裁案外人的权利保护：实证检视、立法比较与路径优化》，载《天津法学》2023年第1期。

考量之下自由判断证据的证明价值。[①] 可见，虽然虚假仲裁具有隐蔽性，但倘若某一方当事人拒绝提供仲裁庭所要求的证据，则仲裁庭可从该行为中推测出仲裁欺诈行为的存在，这种判断方法起源于英国民事诉讼程序中的“不利推论”，后被广泛运用至英国仲裁程序中。[②] 从英国民商事仲裁历史来看，仲裁庭证据审查权有不断扩大的趋势，该权力的大小直接关系仲裁庭能否作出公正裁决。仲裁庭只有对仲裁证据进行严格审查判断后，才能对案件事实予以确认，从而作出正确的裁决。英国商事仲裁独特的证据审查规定在保障仲裁裁决公正、保持仲裁活力与竞争力方面发挥了重要作用。[③]

英国从仲裁庭自身的证据审查权出发，明确了仲裁庭在仲裁裁决结果作出前应积极行使证据审查权，要求仲裁当事人提交确凿的证据，以避免伪造证据、恶意串通等行为的发生，其立法经验具有值得借鉴之处。

3. 苏联与俄罗斯：“复审——撤销”制度

1979 年苏联仲裁法规定，对于仲裁署所作出的仲裁裁决，在当事人一方或上级机关及其他国家部委提出申请、检察长提出抗议、仲裁署自身提起动议的情况下，均可申请复审或撤销。[④] 上述制度从侧面说明，在苏联高度职权主义色彩司法制度下，对于仲裁裁决实质公正的利益衡量显然优位于仲裁效率抑或当事人意思自治。根据上述规定，不仅仲裁当事人有权申请复审或撤销裁决，与仲裁裁决有利害关系的案外人，即当事人的上级机关（或企业）、国家部委等，均有权申请仲裁复审并撤销裁决。

苏联解体后，俄罗斯民事诉讼法律制度在苏联原有法律体系的基础

---

① 参见杨仁寿：《法学方法论》，中国政法大学出版社 2013 年版，第 143 页。

② See Kathrin Betz, Proving Bribery Fraud and Money Laundering in International Arbitration, Cambridge University Press, 2017. 转引自颜韵：《再论虚假仲裁案外人的权利保护：实证检视、立法比较与路径优化》，载《天津法学》2023 年第 1 期。

③ 参见颜韵：《再论虚假仲裁案外人的权利保护：实证检视、立法比较与路径优化》，载《天津法学》2023 年第 1 期。

④ 参见马骧聪译：《苏维埃社会主义联盟国家仲裁法》，载《苏联真理报》1979 年 12 月 3 日，译文载《环球法律评论》1980 年第 2 期。

上进行了改革。俄罗斯联邦民事诉讼法典确立了申请撤销仲裁裁决的有关制度，该法典第 421 条规定了撤销仲裁裁决的情形，除了依当事人申请并撤销裁决的情形以外，还规定法院依职权或依他人申请发现仲裁裁决违反俄罗斯法律基本原则，应当主动依职权撤销仲裁裁决，① 用于规制恶意串通、转移财产损害仲裁案外人利益的行为。②

苏联仲裁裁决“复审—撤销”制度，虽然较好保障了案外人的权益，并较大概率实现了仲裁个案的实体公正，但其有悖于现代商事仲裁一裁终局制度，且在很大程度上忽视了仲裁当事人的意思自治和仲裁的相对性、私密性特点，不宜借鉴，而俄罗斯法律中有关法院主动依职权撤销违法裁决的规定有其合理之处。

4. 澳门：认定裁决无效之诉

我国澳门地区自愿仲裁法第 37 条规定，认定裁决无效之诉的适格主体包括任何利害关系人（不论是否为仲裁当事人）、检察院及司法法院自身，只要具有以下法定理由均可提起：一是涉及非当事人可处分的权利；二是未依法传唤被诉人，且被诉人未参与相关程序；三是仲裁庭的审理不属于其管辖范围之内的问题或未对应审理的问题进行审查，如果各事项的决定可以分开，则该裁决部分无效；四是裁决违反公共秩序原则。③

我国澳门地区的立法将提起裁决无效之诉的主体扩至检察院及司法法院，公权力介入过深，有违仲裁的自治性特征，目前不宜借鉴。

---

① 参见《俄罗斯联邦民事诉讼法典》，黄道秀译，中国人民公安大学出版社 2003 年版，第 273~277 页；刘鹏：《俄罗斯民事诉讼法的变革》，知识产权出版社 2018 年版，第 72~80 页。

② See Oleg Skvortsov and Leonid Kropotov, "Arbitration Changes in Russia: Revolution or Evolution?", in Maxi Scherer (ed), Journal of International Arbitration, Kluwer Law International 2018, Volume 35 Issue 2 pp. 253-266. 转引自牛正浩、刘允霞：《虚假仲裁规制与案外人权利保障》，载《法律适用》2020 年第 17 期。

③ 李萍：《仲裁案外人权利救济制度研究》，广东商学院 2010 届硕士研究生学位论文。

（三）对虚假仲裁进行救济的必要性及路径

1. 对虚假仲裁进行救济的必要性

因虚假仲裁以侵犯案外人利益为手段，通过虚构事实、伪造证据等手段所获取的仲裁裁决将对案外人产生负面影响，再加上一裁终局的限制，仲裁制度本身难以为案外人提供有效救济，这就决定了赋予案外人司法救济权利的必要性。①

2. 解决路径

（1）完善相关制裁措施。现有对虚假仲裁的制裁措施不能起到应有的威慑作用，故最根本的办法还是从立法上进行完善。一是建议明确规定对虚假仲裁当事人可采取司法强制措施的相关规定。在人民法院进行仲裁司法审查或在执行期间，认定存在虚假仲裁的，可对虚假仲裁当事人予以罚款或者拘留，同时向仲裁机构送达相关罚款决定书、拘留决定书，责令仲裁庭就案件审理的相关情况作出说明。如此，既能起到威慑虚假仲裁当事人的作用，又能督促仲裁机构及仲裁庭加强对虚假仲裁案件的预警和防范。二是建议将虚假仲裁纳入虚假诉讼的范畴进行处理或在刑法中增设虚假仲裁罪。可以司法解释的形式明确“捏造事实和证据”提出仲裁保全、以虚假仲裁裁决向人民法院申请执行的情形均属于“以捏造的事实向人民法院提起民事诉讼”的行为，对于情节严重的虚假仲裁当事人，可适用虚假诉讼罪追究其刑事责任；或在刑法中增设虚假仲裁罪，明确该罪侵犯的法益、犯罪形态并配置相应刑罚。三是对虚假仲裁可能构成诈骗罪，妨害作证罪，帮助毁灭、伪造证据罪，拒不执行判决、裁定罪，伪造、变造、买卖国家机关公文、证件、印章罪等罪名的具体情形、立案标准、认定条件等作出一揽子司法解释，以有效指导司法实践。② 四是确立民事侵权赔偿机制。加大侵权法领域对虚假仲裁行为

① 参见董暖、杨弘磊：《虚假仲裁案外人权利的司法救济研究》，载《法律适用》2017 年第 21 期。

② 参见孙春雨：《虚假仲裁的规制难点及其刑事应对》，载《中国检察官》2021 年第 19 期。

的规制，对于因虚假仲裁而利益受损的案外人，明确其享有向虚假仲裁行为人提起侵权损害赔偿的权利，进一步提高虚假仲裁当事人的违法成本。

（2）优化案外人申请不予执行仲裁裁决案件的审理标准。虽然《仲裁裁决执行规定》已经明确规定了案外人申请不予执行仲裁裁决的程序要件和实质要件，但在具体操作层面，各地法院在立案审查标准、当事人的举证责任等方面存在较大差异，在一定程度上存在抬高虚假仲裁案外人救济门槛的情形。建议各地法院在审理此类案件时合理分配证明责任，防止案外人与虚假仲裁当事人之间权利失衡。只有在充分支持下的适度监督，才符合制度的功能预设。具体来说，可参照最高人民法院办理虚假诉讼案件的相关司法解释进行分析判断，对仲裁案件当事人财产变动情况、证人证言以及仲裁行为与日常经验是否相悖等进行综合考量。① 人民法院对存在明显疑点的案件事实可主动调取证据，可要求仲裁当事人说明相关情况，减轻案外人的举证责任。

（3）不宜赋予案外人申请撤销仲裁裁决的权利。出于对一次性解决相关争议、防止矛盾裁决的考虑，部分学者建议增设案外人申请撤销仲裁裁决制度，② 以作为对仲裁案外人合法权益的救济渠道和保障措施。虽然仲裁兼具契约性和司法性，但是司法性更多表现在仲裁裁决的执行力上。在仲裁程序方面，还是应该尊重当事人的意思自治，如果认为第三人可以不经已开始仲裁程序的当事人同意，通过自己申请或者依据仲裁庭通知而参加仲裁程序，必然会增加仲裁的非契约性和强制性，③ 使仲裁朝着诉讼化的趋势发展，进而逐步丧失仲裁作为一种争端解决机制的独立价值。

一是民事诉讼中的案外人撤销之诉与仲裁无可比性，且存在较多问题不宜借鉴。民事诉讼中存在第三人制度，这是第三人撤销之诉的前提。

---

① 参见颜韵：《再论虚假仲裁案外人的权利保护：实证检视、立法比较与路径优化》，载《天津法学》2023年第1期。

② 参见萧凯、罗骁：《仲裁第三人的法理基础与规则制定》，载《法学评论》2006年第5期。

③ 参见林一飞：《论仲裁与第三人》，载《法学评论》2000年第1期。

仲裁是协议仲裁，不存在第三人制度，不能参考诉讼中的特有制度。根据我国民事诉讼法第五十九条的规定，有权提起第三人撤销之诉的主体应当严格限定在该条前两款规定的有独立请求权和无独立请求权两类第三人，不能将有权提起第三人撤销之诉的主体扩大至上述两类第三人之外的享有普通债权的案外人。原案确有错误的，可依法通过审判监督程序予以纠正。因此，仲裁制度中不可能借鉴诉讼中以“有独立请求权和无独立请求权”的这种第三人制度为基础的救济制度。

二是仲裁裁决本身不构成案外人权利保护的障碍，无须设置专门的案外人撤销程序。仲裁制度的基础是当事人自愿协议仲裁，仲裁裁决仅对签署仲裁协议的当事人具有约束力，既判力不涉及案外人。仲裁裁决事实认定部分的证明效力非常有限，根据《最高人民法院关于民事诉讼证据的若干规定》，已为仲裁生效裁决所确认的事实无须当事人举证证明，但当事人有相反证据足以反驳的除外。因此，无论是仲裁裁决认定的事实，还是裁决的既判力，都不会对案外人产生实质性影响，与案外人没有构成起诉标准的“法律上的利害关系”，案外人缺乏对仲裁裁决提起撤销之诉的法理依据。

三是案外人的权利救济，要以实体权利规范保护为基础、司法救济权利为路径。案外人的权利保障首先要由实体法明确实体权利保护类型和违法侵害行为的法律后果，才能够提请法院救济。受侵害的是物权，就采用物权救济方式；受侵害的是债权，就采用债权救济方式。仲裁只是当事人选择的途径和工具，并不存在单独一类因仲裁侵害的实体权利。案外人应该从具体被侵害的实体权利入手，按照实体法规定，提起物权侵权之诉、债权撤销之诉或其他实体法规定的权利救济途径，依据民事诉讼法可以依法享有完整的诉讼权利，更有利于保障其合法权益。

四是仲裁相对诉讼，更强调及时、高效解决纠纷的效率价值，如果在仲裁中设置案外人撤销仲裁裁决之诉，将会严重影响仲裁裁决的终局效力和执行力，损害仲裁公信力。

因此，仲裁中不宜增设案外人申请撤销仲裁裁决制度。

（4）法院与其他单位建立信息共享机制。法院与仲裁机构可进行相关案件信息共享，推动相关社会部门对疑似虚假仲裁所涉信息查询方面的配合及支持，关注可能因虚假仲裁导致权利受损的案外人的诉求，并及时同相关部门会商相应保证措施等。

（5）可将虚假仲裁当事人纳入失信行为的规制范畴，并对其进行公示，通过信用体系建设抑制虚假仲裁行为。对于协助当事人提起或参与制造虚假仲裁的律师、仲裁员，要向司法部门、仲裁机构发送司法建议书，对参与虚假仲裁的律师，建议司法部门吊销其执业证书，仲裁机构取消仲裁员资格。对防范和查处虚假仲裁案件成绩提出的审判人员，应当予以表彰。

（四）司法审查实践问题

1. 司法审查：依职权还是依申请

职权主义的支持者认为，在当事人主义的诉讼模式中，仲裁当事人可以通过虚假自认误导仲裁庭作出错误的生效裁判，侵害案外人的合法权益。为了遏制虚假仲裁，有必要从打击虚假自认入手，限制辩论原则的适用空间，强化诚信原则的作用，使裁判者真正承担起查明真相、维护正义的职责。① 还有学者提出，由于自由的前提是“每个人享有同等的自由”“一个人的自由不能伤害到其他人”，裁判者干预虚假仲裁只是对自由权滥用的规制，而不是否定当事人的处分权。② 这种观点的缺陷在于，它关注的重点不是作为裁判资料的证据和事实是从当事人处还是从裁判者处获得，而是要求裁判者对所有可能涉及虚假仲裁的案件进行主动审查，逐渐消除当事人在证据提出方面的主导性与支配性。换言之，此时的裁判者不再处于居中地位，既要行使审判权，也要行使侦查权和起诉权。这不仅会迅速消耗极其紧俏的司法资源，更会使得裁判者的公

① 参见李德恩：《论自认效力否认之依据——基于“诚”与“信”的法理展开》，载《时代法学》2013年第5期。

② 参见石元康：《当代西方自由主义理论》，上海三联书店2000年版，第6-10页。

平性遭受质疑。[①] 实际上，由于案件事实的重构主要依靠当事人，职权主义的调查结果不一定比当事人主义更为正确。[②]

相比之下，当事人主义在事实提出层面能够对裁判者和当事人之间的权限作出合理配置，保障了当事人在民事诉讼和仲裁领域的主导性和主体性地位，防止法院职权出现不当扩张。同时，当事人主义还能提高打击虚假仲裁的效率，降低司法成本。例如，错误的仲裁裁决一旦作出，深感合法权益被侵害的案外人就会在第一时间内提起诉讼，请求对方赔偿损失。如此一来，规制虚假仲裁的成本主要由案外人承担，并通过胜诉判决转移给虚假仲裁的当事人，这不仅能够在调查取证方面大量地节约司法资源，还能对虚假仲裁的实施主体起到一定的震慑作用。当然，由于虚假仲裁及其背后的虚假法律行为具有隐秘性，适用“谁主张，谁举证”的证明责任分配规则会使整个程序处于攻防不平衡的状态。但这一瑕疵可以通过完善法律制度予以技术性克服，[③] 如规定在一定情形下人民法院可以主动调查取证，但它不能否定辩论原则在民事诉讼和仲裁领域的基础性地位。[④]

2. 能否适用“社会公共利益”条款

违反社会公共政策或者社会公共利益，是国际国内立法普遍承认的法院监督仲裁裁决的理由。《纽约公约》规定：“如果申请承认及执行地国法院认定承认及执行一项外国仲裁裁决将违反本国公共政策，可拒绝承认及执行该仲裁裁决。”《联合国国际贸易法委员会国际商事仲裁示范法》规定：“仲裁地国法院认定仲裁裁决与本国公共政策相抵触的，可以撤销仲裁裁决。”各国国内仲裁法也均有类似规定。从我国法律规定来看，仲裁法第五十八条第三款明确规定，人民法院认定国内仲裁裁决违

① 参见宋春龙：《民事诉讼视角下虚假仲裁的规制——以我国司法实践为切入点》，载《北京仲裁》2017 年第 4 期。

② 参见宋连斌、武振国：《虚假仲裁中案外人权利保障机制研究（上）》，载《商事仲裁与调解》2020 年第 1 期。

③ 参见傅向宇：《虚假自认效力的辩论主义回归》，载《国家检察官学院学报》2018 年第 1 期；任重：《论中国民事诉讼的理论共识》，载《当代法学》2016 年第 3 期。

④ 参见任重：《民事诉讼协动主义的风险及批判——兼论当代德国民事诉讼基本走向》，载《当代法学》2014 年第 4 期。

反社会公共利益的，应当撤销仲裁裁决。社会公共利益原则是法律赋予人民法院在仲裁司法审查中可以进行实体审查的权力，人民法院应当在此原则上发挥有限的主观能动性，结合实际情况让这一原则起到应有的作用。虚假仲裁当事人恶意串通，以捏造事实、伪造证据、虚构法律关系等不正当手段，利用仲裁获取非法利益，违反了民法典关于民事活动应当秉持诚信、遵守法律与公序良俗的基本法律原则，不仅损害了有关案外人的合法权益和仲裁自治、私密的制度价值，更重要的是，虚假仲裁损害法律公信和全社会成员的法律预期，损害全社会成员的公平感、价值感，而后者显然属于社会全体成员的利益。[①] 因此，虚假仲裁破坏仲裁制度，也是对国家利益、社会公共利益的损害。

因此，从遏制虚假仲裁、保护案外人合法权益的角度出发，需要对社会公共利益条款面临的困境予以突破，有序推动该条款的适用，具体可以分三步走。第一步，以个案形式明确对于虚假仲裁可适用社会公共利益条款。人民法院应明确以虚假仲裁违背社会公共利益为由撤销或不予执行若干仲裁裁决，以个案形式促进明确法律预期的形成，通过司法实践对社会公共利益条款进行释明。第二步，列举违背社会公共利益的主要情形。以司法解释或者适用性指引的形式列举“违背社会公共利益”的主要情形，其中包括虚假仲裁，据此为适用提供确定性指引，防止概念的模糊性造成司法权的滥用。当然，由于社会公共利益概念的抽象性，这种列举只能是非穷尽性清单。第三步，赋予法院在仲裁裁决违背社会公共利益情况下启动撤销裁决程序的主动权。若受制于程序启动的被动性，在当事人未申请执行或者撤销仲裁裁决时，法院难以为虚假仲裁案外人提供救济。因此，虽然在一般情况下仍应坚持司法审查程序启动的被动性，但是在可能危及社会公共利益的情况下，法院应主动出击，依职权启动审查程序。[②]

---

① 参见董暖、杨弘磊：《虚假仲裁案外人权利的司法救济研究》，载《法律适用》2017年第21期。

② 参见董暖、杨弘磊：《虚假仲裁案外人权利的司法救济研究》，载《法律适用》2017年第21期。

【信息与资料】

最高人民法院民事审判第四庭关于参加联合国国际贸易法委员会第二工作组第七十七届会议的报告

朱　科*

联合国国际贸易法委员会（以下简称贸法会）第二工作组于2023年2月6日至2月10日在纽约联合国总部举行了第七十七届会议。现将有关情况汇报如下。

一、会议基本情况

本次会议共有四十五个成员国派员参加，十五个非成员国、五十余个国际组织派观察员出席会议。会议为期五日，以线上线下相结合的方式进行。

我国由商务部牵头，最高人民法院、司法部、中国国际贸易促进委员会、中华全国律师协会、中国国际经济贸易仲裁委员会、北京仲裁委员会、中伦律师事务所派员参加了会议。按照会议安排，商务部组织线上视频参会，中伦律师事务所的孙巍律师代表中方现场参会并发言。

二、会议主要内容

会议审议了两个专题，分别是秘书处编写的《关于预先驳回和初步

* 最高人民法院民事审判第四庭三级高级法官。

裁定的说明》和《关于技术相关的争议解决和审裁的说明》。

专题 1：关于预先驳回和初步裁定的说明

该专题涉及的是仲裁庭为加快仲裁程序而行使的一种自由裁量权。许多仲裁规则都规定仲裁庭在平等对待当事人并给予各方当事人陈述案情的合理机会的前提下，应避免不必要的迟延和费用，可自由裁量以其认为适当的方式进行仲裁，并为解决当事人的争议提供一个公平和有效的进程，其中一种自由裁量权就是仲裁庭以明显缺乏法律依据为由驳回申请或答辩，或作出这方面的初步裁定。

贸法会在 2022 年第五十五届年会上即已审议了预先驳回和初步裁定专题，并委托第二工作组拟定指导文本。工作组在 2022 年 10 月举行的第七十六届会议期间，审议了该文本，并请秘书处编写修订稿作为《关于安排仲裁程序的说明》①（以下简称《安排仲裁程序的说明》）中的补充说明。此次会议即审议该指导文本的修订稿。

关于指导文本的内容。本次会议在对指导文本进行审议后，商定了修改案文，修改案文主要涉及预先驳回和初步裁定的适用规则，包括当事人提出预先驳回的申请或答辩的时间、仲裁庭在确定是否预先驳回时应考虑的因素、管辖权异议适用的标准、相应的程序、裁决形式等。

关于指导文本的摆放位置和名称。会议商定，将其作为第 21 项说明放在《安排仲裁程序的说明》的末尾，后者的名称改为“2016 年通过的联合国国际贸易法委员会关于安排仲裁程序的说明”（新增 2023 年通过的关于预先驳回和初步裁定的说明）。

会议指出，该专题是为了协助仲裁从业人员和用户，明确仲裁庭根据《联合国国际贸易法委员会仲裁规则》（以下简称《贸法会仲裁规则》）和其他仲裁规则享有的自由裁量权，并非意图修改限制此种自由裁量权的任何仲裁规则。

---

① 贸法会在 1996 年第二十九届会议上通过了《关于安排仲裁程序的说明》第一版，在 2016 年第四十九届会议上最后审定了说明的第二版。

专题2：关于技术相关的争议解决和审裁的说明

该专题旨在提供一个简易机制的示范条款，由具有相关专门知识的第三方参与，使争议当事人能够根据其需要调整程序，以便在极短的时间内解决争议。在实践中，对于按照工程项目运作的企业或以短期生命周期动态发展为特征的企业（例如初创企业）而言，快速解决争议的办法尤为重要。此外，信息技术和建筑等专门行业需要解决争议程序操作中的裁定者具备技术知识和对行业运作的深入知识。

贸法会在2022年第五十五届年会上既已委托工作组合并审议技术相关的争议解决和审裁专题。工作组在2022年10月第七十六届会议期间审议了该专题。会后，秘书处根据审议情况修订了示范条款和指导文本供此次会议审议。工作组此次会议共审议了A、B、C、D四个示范条款草案以及关于对内保密和证据的指导意见草案。文本的总体命名问题也是此次会议讨论的范围。

关于文本的总体命名。会议首先讨论了文书的总体命名问题，有代表支持“专门快速解决争议办法”（缩写为SpEDR），该命名体现文书涉及的两个主要因素：快速和专业知识；有代表建议提及“技术”；还有代表建议，鉴于当前文书中的讨论涉及不同方面，应在讨论结束后再着手对文书命名。最后，工作组提出以下名称供今后审议：（1）技术和企业快速解决方案；（2）技术和专业企业争议解决方案；（3）专业技术和快速解决方案；（4）高级快速争议解决方案。

关于示范条款A“特快仲裁”案文。该示范条款是以《贸法会快速仲裁规则》为基础的一项特快仲裁示范条款，其对后者的条款作了修改，缩短了时限，以便提供一种“特快”的仲裁程序。以信息技术和建筑行业为代表，较短的时限将确保迅速解决因合同引起的任何争议或索赔请求。此外，通过该示范条款，各方当事人可以商定独任仲裁员或指定机构，还可以共同商定专家或确定专家的机构。该条款的设置得到了参会代表的普遍支持。虽然有代表认为，从正当程序的角度出发，六十日或九十日的特快仲裁时限太短，但有代表认为，基于当事人的意思自治，应允许当事人约定较短的时限，还有代表提出六十日内进行快速仲裁的情况并不罕见。会议还针对示范条款中关于仲裁员的指定、协商期限、专家的指定、作出裁决的时限、仲裁地和仲裁语言条款等内容进行了讨论。

关于示范条款B“多层次争议解决办法”案文。该示范条款规定了一种多层次解决争议机制，在最初阶段通过专家裁定的方式确保迅速付款或迅速履行义务，并在后期阶段提供仲裁。示范条款B的内容分为专家裁定、专家裁定的执行、对专家裁定的仲裁审查三个部分。针对该三部分，会议讨论了专家裁定适用的范围、中立专家的指定和资格问题、专家裁定的繁简程度、专家裁定的遵守机制以及与仲裁庭对专家裁定的审查之间的关系等。会议普遍认为，工作组应致力于向当事人提供更多的选项和模式，使当事人能够根据自身具体需要调整争议解决条款，故有必要进一步完善和探讨各种可能性。

关于示范条款C“专家”案文。会议普遍认为，示范条款C与《贸法会仲裁规则》第二十七条、第二十九条之间的关系不明确。有代表提出，示范条款C不当限制了《贸法会仲裁规则》第二十九条规定的仲裁庭的权力，却没有提供有用的替代办法取代《贸法会仲裁规则》第二十九条规定的耗时的专家指定程序；也有部分代表认为，示范条款C应当是补充而不是取代《贸法会仲裁规则》第二十九条，该条中的程序步骤对保障各方当事人的权利是必要的，故可以与当事人协商，灵活地处理这些步骤。有代表提出，在技术争议中，专家可以协助仲裁庭理解和使用当事人提供的技术信息和材料，虽然《贸法会仲裁规则》没有规定，但这类协助专家在仲裁实践中成功发挥了作用，故应在示范条款中作出规定。有代表建议，应在程序的早期阶段且在各方当事人指定自己的专家之前，讨论指定这样一名专家协助仲裁庭。但是，在指定专家的权力问题上，代表们有意见分歧：有的认为，应默认由各方当事人共同指定专家；有的认为，仲裁庭应保留指定专家的权力；还有人认为，不宜在合同中事先指定某人为专家，因为很难事先确定未来争议的性质和所需的专门知识。

关于示范条款D“保密”案文。会议普遍认为，由于《贸法会仲裁规则》和《贸法会快速仲裁规则》都没有关于保密的一般规定，故列入这一示范条款是有必要的。会议还讨论了保密信息的范围、保密承诺的主体和文本的措辞等问题。

关于对内保密的指导意见案文。会议对案文应采取的形式和处理机密信息的方式进行了讨论。有代表认为，案文最好采用示范法的形式；有代表认为，与技术有关的争议可能涉及高度敏感的信息，因此必须要找到在仲裁中如何处理此类信息的解决办法，一种可能是一方当事人仅提交相关证据供仲裁庭审议，而不提交给另一方当事人，或者仅提交给该方当事人的仲裁律师；有代表指出，指导意见案文没有充分说明仲裁庭应如何处理机密信息；还有的代表建议，秘书处可探索在仲裁实践中找到一些解决办法。

关于证据的指导意见案文。参会代表对是否有必要拟订指导意见观点不一，有代表认为，由于技术发展迅速，当时提到的具体技术在不久的将来可能会过时，因此建议删除；有代表认为，案文应以中立和通用的方式起草，以便其经得起未来考验。会议普遍认为，为了确保贸法会各项文书总体上的一致性和连贯性，该项工作应考虑到贸法会关于电子商务的法规。此外，工作组可以审议与技术相关争议解决所特有的问题，包括秘书处实施的评估数字经济中争议解决发展状况的项目。

关于示范条款和指导意见案文的提交方式。会议讨论了提交指导材料的各种备选办法。有代表提出，应当考虑的因素有：（1）高醒目度；（2）易于查阅；（3）与贸法会其他法规保持一致。有代表对最后一点表示关切，认为频繁修正贸法会文书可能会干扰相关材料的用户，因此必须以协调一致的方式进行修正。

三、会议工作安排

1. 秘书处将关于预先驳回的指导文本修订稿作为《安排仲裁程序的

说明》的补充说明，提交贸法会 2023 年第五十六届年会审议。

2. 秘书处修订关于与技术相关的争议解决和审裁的示范条款和指导文本，供工作组进一步审议。特别需要说明与《贸法会快速仲裁规则》和《贸法会仲裁规则》如何相互作用，并组织非正式讨论进一步推进该项工作。

3. 工作组建议，贸法会应讨论文书如何提交的一般性问题，以便确保提交方式方便用户使用、易于查阅且符合贸法会的惯例和日后的需要。

四、下一步工作建议

根据会议讨论情况，提出以下工作建议。

第一，加强对相关专题的研究。此次会议讨论的两个专题尚处于示范条款的起草阶段，特别是专题 2 所涉及的问题系本次会议讨论的重点，参会代表对于案文所采的方案仍存在较大的争议，有待后续会议中进一步讨论、完善。如何针对特定类型的纠纷制定出既兼顾效率和公正又凸显程序优势的仲裁规则，是国际仲裁界共同面临的问题，值得我们关注和研究。

第二，加强快速仲裁规则的研究。近年来，为了应对国际商事仲裁“诉讼化”倾向所带来的案件处理周期长、处理费用较高等挑战，世界各地的仲裁机构开始积极寻求更为精简、更为快速的争议解决途径。许多仲裁机构的仲裁规则都加入了快速仲裁的相关规定，并得到越来越广泛的适用。贸法会此次会议所审议的两个专题在内容上尽管各有侧重，但最终目标都是要提高仲裁的效率、加快仲裁的速度、降低仲裁的成本，充分体现了国际商事仲裁的发展趋势。加强快速仲裁规则的研究，关注国际商事仲裁规则发展的动向，有助于我国法院掌握国际商事仲裁的前沿动态，更好地开展仲裁司法审查工作。

中国审判指导丛书

——各级人民法院审判工作权威参考指导用书

《刑事审判参考》：最高人民法院刑事审判第一庭、第二庭、第三庭、第四庭、第五庭共同主办。自2021年起，丛书由人民法院出版社出版发行，作为《中国审判指导丛书》的重要组成部分。丛书自1999年4月创办以来，秉承立足实践、突出实用、重在指导、体现权威的编辑宗旨，在编辑委员会成员、作者和读者的共同努力下，密切联系刑事司法实践，为刑事司法人员提供了有针对性和权威性的业务指导和参考，受到刑事司法工作人员和刑事法律教学、研究人员的广泛欢迎。丛书主要收录指导案例、刑事司法规范及其理解与适用、刑事政策及其解读、理论前沿、实务探讨、编辑部答疑、经验交流、疑案争鸣等内容。2021年，作者将对丛书的体例、栏目设置及相关内容等进行完善和提升，力求以全新的面貌将更权威、实用的内容展现给读者。全年6辑，每辑68.00元，共408.00元。

《民事审判指导与参考》：最高人民法院民事审判第一庭编。丛书收录最高人民法院关于民事审判工作的司法解释及其理解与适用、指导意见和最新政策精神及其解读、民事审判会议纪要、最高人民法院典型案例评析、示范性裁判文书、实务研讨、理论研究、各地方法院经验交流等内容，旨在传播最高人民法院和地方各级人民法院的优秀民事审判工作经验，对最新疑难经典案例进行探讨与解析，提供审判实践中解决疑难问题的思路，是最高人民法院民事审判第一庭履行对下指导职责的工作平台。全年4辑，每辑68.00元，共272.00元。

《商事审判指导》：最高人民法院民事审判第二庭编。丛书刊登最高人民法院关于商事审判工作的指导意见、司法解释及其理解与适用、典型案例评析文章、示范性裁判文书、地方实务调研成果、理论研究文章等。丛书对各级人民法院商事审判工作具有重要指导作用和参考价值。全年2辑，每辑68.00元，共136.00元。

《知识产权审判指导》：最高人民法院民事审判第三庭编。丛书主要内容包括知识产权审判政策与精神、司法解释理解与适用、调研报告和案例评析，以及反映知识产权审判动态的专题论述和优秀裁判文书等。丛书对各级人民法院知识产权审判工作具有重要指导作用和参考价值。全年2辑，每辑68.00元，共136.00元。

《涉外商事海事审判指导》：最高人民法院民事审判第四庭编。丛书收录当年出台的司法解释、司法指导性文件以及涉外商事案件相关问题的批复和案例评析，重点收录最高人民法院对高级人民法院有关国际商事仲裁裁决司法审查法律问题请示的复函，并附有高级人民法院的请示。丛书对各级人民法院涉外商事海事审判工作具有重要指导作用和参考价值。全年 2 辑，每辑 68.00 元，共 136.00 元。

《立案工作指导》：最高人民法院立案庭编。丛书主要收录有关立案的司法解释理解与适用、各级人民法院立案工作的实践经验、调研报告和案例评析等。丛书对各级人民法院立案工作具有重要指导作用和参考价值。全年 2 辑，每辑 68.00 元，共 136.00 元。

《审判监督指导》：最高人民法院审判监督庭编。丛书主要收录关于审判监督工作的司法解释及其理解与适用、最新的政策与精神及其解读、最高人民法院案例评注、典型案例、会议纪要、优秀裁判文书、业务交流等内容。另外，还设置了审监信箱，回应全国法院审判监督工作中的疑难问题。丛书对各级人民法院审判监督工作具有重要指导作用和参考价值。全年 2 辑，每辑 68.00 元，共 136.00 元。

《中国少年司法》：最高人民法院少年法庭工作办公室编。丛书设置了有关少年司法工作的政策与精神、法官论坛、改革与探索、理论与实务研究、典型案例、裁判文书以及规范性文件等栏目。丛书的出版，旨在切实加强对少年司法工作相关问题的研究、加强对全国少年法庭工作的指导、强化相关方面的调查研究和理论探讨。丛书对各级人民法院少年审判工作、相关政法部门少年司法执法工作和有关社会组织的未成年人权益保护工作，都有重要的指导作用。全年 4 辑，每辑 68.00 元，共 272.00 元。

《执行工作指导》：最高人民法院执行局编。丛书对我国目前执行工作中的重点、热点和难点问题，从不同角度进行理论研究和实践经验的提炼与总结；同时，丛书紧紧围绕最高人民法院执行工作大局，紧密结合执行工作理论与实践，为全国广大法官以及其他法律职业者提供及时、权威的执行工作业务指导和参考，对正确理解相关规定、统一执法标准和破解执行难问题具有重要指导作用。全年 4 辑，每辑 68.00 元，共 272.00 元。

《国家赔偿与司法救助办案指导》：最高人民法院赔偿委员会办公室编。编委会成员分别由全国人大法工委国家法室、最高人民法院赔偿委员会办公室、最高人民检察院刑事申诉检察厅、公安部法制局、司法部法制司、财政部条法司等部委工作人员组成，收录了国家赔偿与司法救助相关的政策、法律法规、司法解释及其理解与适用，有普遍指导意义的请示案件及其答复，重大新型疑难案例评析，国家赔偿理论与实务研究，国家赔偿工作调研报告，地方国家赔偿工作动态等内容，集中反映最高人民法院、最高人民检察院等单位对于国家赔偿工作重要政策、观点、理论研究和实践指导的意见，对国家赔偿与司法救助工作具有重要的指导作用和参考价值。全年 2 辑，每辑 68.00 元，共 136.00 元。

2025年中国审判指导丛书征订单

银行汇款方式：

开户银行：工行王府井金街支行

账号：0200000709004606170

开户名称：人民法院出版社有限公司

行号：102100000072

邮箱：fysgzzz@163.com

邮局汇款方式：

邮编：100745

地址：北京市东城区东交民巷27号人民法院出版社

联系人：王玺佳 010-67550536/18601031761

靖存锴 010-67550595/18601032892

传真：010-67550541

订购单位			联系人			
联系电话			邮编			
详细地址						
电子邮箱		纳税人识别号				
代号	书名	全年辑数	定价	邮费	合计	订购份数
202510	《刑事审判参考》	六辑	408.00	61.20	469.20	
202511	《民事审判指导与参考》	四辑	272.00	40.80	312.80	
202512	《商事审判指导》	两辑	136.00	20.40	156.40	
202513	《立案工作指导》	两辑	136.00	20.40	156.40	
202514	《审判监督指导》	两辑	136.00	20.40	156.40	
202515	《知识产权审判指导》	两辑	136.00	20.40	156.40	
202516	《涉外商事海事审判指导》	两辑	136.00	20.40	156.40	
202517	《中国少年司法》	四辑	272.00	40.80	312.80	
202518	《执行工作指导》	四辑	272.00	40.80	312.80	
202519	《国家赔偿与司法救助办案指导》	两辑	136.00	20.40	156.40	